# 江西通史

民國卷第四冊

目錄

第七章 ——

江西抗日戰場的
堅守與勝利

　　抗日戰爭進入相持階段後，江西在全國抗戰格局中的地位進一步凸顯出來。這時，國民政府已移駐重慶，西南地區成為戰時政治、經濟、文化的中心地區和抗戰大後方。日本侵略軍根據中國軍隊仍擁有相當大的兵力，主力軍部署在湖南、江西及貴州省方面，「其中江西、湖南兩省是抗戰的屏障」[1]的判斷，連續發起對湘贛的作戰，企圖打開進入西南的通道，打破中國長期抗戰的戰略。由此，江西作為中國抗戰的前線和後方的特點也就更為突出。中國軍隊在江西境內，先後進行了大規模的上高會戰和浙贛會戰，連同此前的贛北作戰和南昌會戰，江西境內特大會戰占抗戰時期正面戰場二十二次特大會戰總數的近五分之一，中國軍隊為堅守住抗戰初期形成的戰線作出了巨大的努力和犧牲。江西人民在極端艱苦的條件下，堅韌不拔，同仇敵愾，節衣縮食，獻糧出兵，為支持前線部隊的作戰和奪取抗戰的最後勝利，作出了巨大的貢獻。無論是作為前線和後方，江西軍民都經受住了嚴峻的考驗。第九戰區在南昌、九江接受日軍的投降，為長期抗戰的勝利畫上了圓滿的句號。抗日戰爭的勝利，是近代以來中華民族進行的民族解放戰爭取得的第一次偉大的勝利，是包括江西人民在內的中國人民不畏強暴、抵抗外敵、追求自由、獨立和光明的偉大精神的生動體現。抗日戰爭的勝利，也改變了世界與中國的歷史進程，促進了歷史的更新。

---

1　日本防衛廳防衛研究所戰史室著，田琪之譯《中國事變陸軍作戰史》，第 2 卷第 2 分冊，中華書局 1980 年版，第 53 頁。

## 第一節 ▶ 合力堅守的江西戰場

### 一　上高會戰與浙贛會戰

**1.上高會戰**

　　南昌淪陷後，第九戰區的第十九、一、三十集團軍等七個軍的部隊，在第九戰區前敵總司令兼第十九集團軍總司令羅卓英指揮下，佈防贛北，除防守奉新會埠到甘坊一線和武寧一線外，以四個軍的主力防守在離南昌僅數十公里的高安、上高一線，與日

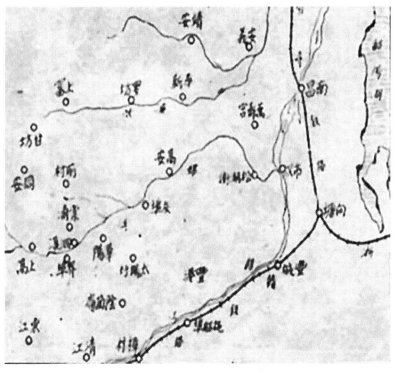

・上高會戰態勢圖（江西省檔案館）

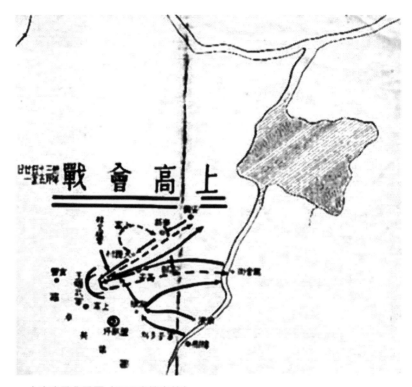

・上高會戰作戰圖（江西省檔案館）

軍形成對峙，並不斷襲擾日軍，對南昌構成嚴重威脅。打擊和消滅防守江西、湖南的第九戰區部隊，突破進入西南地區的屏障，是日軍繼南昌會戰後確定的重要作戰目標。在一九三九年九月發起的第一次長沙戰役中，日軍以贛北為輔戰場，進攻防守高安、奉新、靖安一線的第十九、第一集團軍，羅卓英指揮所部與日軍展開大戰，阻止了日軍的進攻，並實施反擊，日軍第一〇六師團在第三十三師團的接應下，才脫出包圍，撤回進攻前的陣地。高安、奉新、安義和武寧一線，成為雙方軍隊在贛北贛西長期對峙

的作戰線。此後，我軍還先後發動了冬季攻勢作戰和夏季攻勢作戰，不斷給日軍以打擊。

一九四一年三月，日軍為了鞏固南昌外圍據點，保證占領區的安全並掠奪當地物資，決定集中兵力「掃蕩」贛西一帶的中國駐軍，打通湘贛公路，連接湘東日軍，擴大贛北占領區，發起上高作戰。日軍集結二個師團、一個旅團共四萬多兵力，配以二百多門大砲、三十多架飛機，於十五日分北、中、南三路向上高地區第十九集團軍發動進攻，其中北路以第三十三師團一點五萬兵力，由安義沿潦河向上高方向進攻；中路以第三十四師團二萬兵力由南昌西山萬壽宮，沿錦江北岸向高安進攻；南路以獨立混成第二十旅團八千兵力，由河口夏渡江沿錦江南岸，向高安灰埠方向進攻，計劃三路並進到高安、上高地區與中國軍隊決戰，求取消滅第十九集團軍主力第七十四軍，並占領集團軍司令部所在地上高。上高會戰全線展開。

以薛岳為司令長官的第九戰區，早在一九四〇年四月即預先制訂有對日軍的反擊作戰計劃。該計劃預定：「敵如向高安、萬載進犯時，則誘敵於分宜、上高、宜豐一帶地區，反擊而殲滅之。」[2] 據此，九戰區集結七點二萬兵力，由羅卓英指揮，兵分三線，先誘敵前進，再集中主力斷敵後路，圍殲日軍。

李覺第七十軍擔任阻擊和引誘北路日軍第三十三師團的任

第七章・江西抗日戰場的堅守與勝利

---

2　《第九戰區反擊作戰計劃》，《抗日戰爭正面戰場》，下冊，江蘇古籍出版社，1987 年版第 982 頁。

655

務。該路日軍十五日占領奉新，並沿潦河向上高方向前進。第七十軍在潦河兩岸逐次阻擊並引誘日軍前進，十八日在華林寨、上富、苦竹㘵地區，再次猛烈阻擊日軍。該路日軍原定四月上旬調往華北，這時自認為協助中路作戰的任務已經完成，遂於十九日不顧其他兩路戰況，由作戰地撤回安義。中路日軍由是失去北路掩護，而第七十軍則立即轉頭南下，襲擊中路日軍的右側背。

第四十九軍由清江一帶西渡贛江，在軍長劉多荃指揮下，擔任阻截由新建流湖向高安灰埠一線進攻的南路日軍獨立第二十旅團的任務。十九日，在高安來脊嶺石頭街一帶猛烈阻擊日軍。該路日軍一部占領灰埠後北上渡過錦江，與中路日軍會合；一部留在錦江以南，但立即受到第四十九軍及第七十四軍第五十一師的打擊，在華陽被殲滅大半，殘部北上與其旅團部會合。第四十九軍隨其後渡錦江北上，攻擊中路日軍的左側背。至此，三路日軍實際只剩作為主力的中路孤軍突進，我各參戰部隊經過阻擊和誘敵，逐漸達成合擊中路日軍的有利態勢。第九戰區又命贛北第三十集團軍的第七十二軍南下，增援第十九集團軍的作戰。

第九戰區的王牌主力第七十四軍在軍長王耀武指揮下，奉命堅守毗鄰高安的上高泗溪、官橋一線陣地，頑強阻擊經高安進攻上高的中路日軍第三十四師團。該路日軍十八日占領高安後，繼續西進，二十日與第七十四軍發生激戰。二十二日晨，日軍集中萬餘兵力實行強攻，日軍師團長大賀茂中將親自督戰，出動飛機百餘架次反覆轟炸第七十四軍陣地，僅投下的炸彈就有一千七百多枚，七十四軍將士「拚死力拒，雖血肉橫飛，傷亡慘重，仍不

稍退，是日一日間全線敵我傷亡均在四千以上」[3]。激戰至二十四日，七十四軍在預備隊也被投入戰鬥並先後多次發起反衝擊之後，重新克復被占領陣地。全軍將士的奮力拚殺，為會戰勝利奠定了基礎。七十四軍後因此役贏得「抗日鐵軍」的稱號，被授予軍中最高獎品——飛虎旗，軍長王耀武亦被授軍隊最高勛章。

在第七十四軍鏖戰之時，第七十軍主力已南下進至高安楊公圩（今楊圩）一線，增援作戰的韓全朴第七十二軍也進至水口圩附近，與由從錦江南岸北上的第四十九軍形成了對日軍第三十四師團的包圍，準備圍殲日軍。日軍師團長大賀茂急電漢口第十一軍司令部求救。二十四日，日軍第三十三師團再次由奉新出動，奉命救援第三十四師團，二十五日晨一部經高安伍橋到達宜豐棠浦，主力則向官橋主陣地突進，意與三十四師團取得聯絡，接應其突圍。二十六日夜，日軍第三十四師團經激戰由包圍間隙中突出重圍，十分狼狽地向高安方向撤退。第十九集團軍分兩路追殲，右路向高安、左路向奉新（三十三師團）日軍追擊、截擊，先後在官橋、楊公圩、龍潭等地追殲截擊日軍一部。三十一日，收復高安。到四月二日，相繼收復奉新和西山萬壽宮，八日，攻克安義外圍長埠等據點。九日，上高會戰勝利結束。

中國軍隊在作戰中打得英勇頑強。戰役指揮官羅卓英說，各

3　第十九集團軍參謀處：《上高戰役概述》（1941 年 5 月 15 日），轉引自馬振犢著《血染輝煌抗戰正面戰場寫實》，廣西師範大學出版社 1993 年版，第 238 頁。

部隊均能徹底奉行命令，危急時能咬緊牙關苦撐，不訴苦，不告急，堅守上高正面核心陣地的部隊，面對「陸空協同明沖暗襲志在必得上高之頑敵，苦戰五日，迭予反擊」，「又各部隊戰鬥力均充分發揮，伙伕以扁擔與敵肉搏，士兵兩三人共一把刺刀與敵格鬥，此種事蹟在官兵談話中，到處可以見聞」。所以，戰後醫院中，負刀傷的官兵頗多，「有負刀傷至六七處者，尤可想見當時格鬥之情景」[4]。這次會戰，中國軍隊取得重大勝利，殲滅日軍少將指揮官岩永、大佐聯隊長濱田以下一點五萬餘人，俘虜百餘，擊落敵機一架，繳獲步槍千餘支、大砲十餘門，不僅恢復了戰前陣線，而且收復了西山萬壽宮和安義外圍等地。特別是，這次戰役改變了中日軍隊「歷次會戰兵力六比一之慣例」[5]，是正面戰場作戰唯一一次以不足二比一兵力取得重大勝利的作戰，因此也被何應欽稱為抗戰以來最精彩之戰。戰後，羅卓英總結出十一條制勝的原因，除了部隊作戰英勇外，戰役指導正確、誘敵圍殲方針成功、協調良好、通信靈活，特別是戰地人民奮勇參戰，「民眾用命，徹底破壞交通，使敵解除優勢裝備」，無法發揮機械化的威力，反而陷入供給困難、僅靠飛機空投補給的境地，以及日軍指揮錯誤、行動互不協調和輕率急進等等[6]，都是

---

4　羅卓英：《上高會戰概述》，1941 年 5 月，《江西文史資料選輯》第 17 輯，第 95 頁。

5　趙曾侍：《抗戰紀實》，第 3 冊，第 89 頁，商務印書館印行，轉引自馬振犢著《血染輝煌抗戰正面戰場寫實》，第 238 頁。

6　羅卓英：《上高會戰概述》（1941 年 5 月），《江西文史資料選輯》第 17 輯，第 92-96 頁。

促成勝利的重大因素。

## 2. 浙贛會戰

　　浙贛鐵路是中國東南地區的交通大動脈。日軍占領南昌後，
這條鐵路實際已被切斷，但在浙贛境內大部分線路仍在我軍控制
中，我國在沿線建設了多處空軍基地，第三戰區長官司令部也駐
在浙贛線的重要城市上饒。因此，浙贛線具有重要的戰略地位。

　　一九四一年十二月太平洋戰爭爆發後，中美兩國共同對日本
侵略者作戰。一九四二年四月十八日，美軍首次出動十六架遠程
轟炸機，對日本東京等城市實行戰略轟炸，返航後多數在浙江境
內的空軍基地降落。日本對本土遭受轟炸極度震驚，認為如不能
迅速摧毀中國在浙贛沿線的機場，將對日本構成日益嚴重的威
脅。四月二十一日，日本大本營決定進行以摧毀浙贛沿線飛機場
為目標的浙贛作戰。五月，日軍中國派遣軍根據大本營的命令，
決定集中九個師團以上的陸海空兵力，即第十三軍及其配屬部隊
五個師團又三個半混成旅團共五十四個大隊，第十一軍二個師團
又四個支隊共二十五個大隊，加上戰爭開始後調入的華北方面軍
三個大隊，合計以步兵八十二個大隊為基幹，以大約兩倍於日軍
大本營計劃的兵力，實施東西夾擊的浙贛作戰。其中，以第十三
軍從十五日開始由浙江向浙贛鐵路東段進攻，第十一軍由南昌附
近的贛江右岸從三十一日夜開始進攻浙贛鐵路西段，企圖東西夾
擊中國第三戰區部隊，打通浙贛路，摧毀沿線的中國空軍機場。
因此，浙贛作戰「是自一九三九年以來，日軍使用兵力最多，時

間最長的一次作戰」[7]，也是中國軍隊跨越兩個戰區聯合抗日作戰的重要戰役。

東線日軍在浙江境內遭到中國軍隊的頑強阻擊，日軍傷亡慘重，第十五師團師團長酒井直次中將被地雷炸死，日軍哀嘆這是自陸軍創建以來首次「現任師長陣亡」[8]。六月七日，日軍攻陷衢州，衢州機場遭到日軍的大破壞。其後，日軍繼續西進，中旬進入江西境內，連續攻占玉山、廣豐，十五日占領第三戰區長官司令部所在地上饒。隨後，日軍轉取守勢，大肆破壞機場，拆毀鐵路，搶掠物資。第三戰區部隊則轉至浙贛線南北兩側地區，不斷側擊襲擾日軍。第三戰區在指揮作戰中，也存在高級將領懼戰、缺乏勇氣和「前線未敗，後方先行混亂」[9]等問題，以致日軍能夠迅速前進。

西線日軍第十一軍為策應浙江方面作戰，由南昌沿撫河西岸向南攻擊。五月三十一日晚，日軍從南昌渡過撫河發動進攻，分兵多路攻城略地或牽制中國軍隊，一路沿浙贛線向進賢、東鄉、鷹潭方向進攻，一路沿鄱陽湖沿岸向瑞洪鎮、餘干、鄱陽方向進攻，一路南下豐城、樟樹、新幹，而集中第三十三、三十四師團主力向三江口、臨川方向進攻。

---

7　李良志、李隆基主編《中國新民主革命通史》，第 9 卷，上海人民出版社 2001 年版，第 100 頁。

8　軍事科學院軍史部：《中國抗日戰爭史》，下卷，解放軍出版社 1994年版，第 188 頁。

9　《第三戰區浙贛戰役經驗教訓及檢討》，1942 年 11 月 21 日。

阻擊西線日軍的中國軍隊，是奉命出動策應第三戰區作戰的第九戰區夏楚中第七十九軍、歐震第四軍和孫渡第五十八軍等部隊。六月四日，第七十九軍冒雨急進臨川，與日軍先頭部隊在臨川進行了一夜巷戰。次日，日軍第三師團主力抵達臨川，雙方戰鬥更為猛烈。第五十八軍和江西保安縱隊，也在臨川北面的三江口、李家渡與日軍第三十四師團激戰，戰況極為劇烈。八日，日軍第三十四師團突破第五十八軍陣地，直下臨川與第三師團會合，再度與第七十九軍發生多日激戰。隨後，該路日軍再次分兵，第三十三師團主力繼續向建昌（今南城）方向進攻，第三十四師團主力轉向浙贛路加入向鷹潭的進攻。十二日，日軍第三師團占領南城及其機場。當天，日本中國派遣軍向日本大本營提出實施打通浙贛線、求取「達到使第三戰區毀滅、中國將領動搖的效果」的計劃，得到大本營的同意，大本營指令中國派遣軍「根據需要，得在南昌附近浙贛沿線全域實施作戰」，作戰規模於是進一步擴大。十六日，第三十四師團攻陷浙贛線上的重鎮鷹潭及貴溪。至此，西線日軍第十一軍與已進至上饒的東線日軍第十三軍，相隔僅約八十公里。

　　第九戰區判斷日軍的動向，隨即調整部署，在東鄉、金溪以東，南昌以南的贛東地區向日軍發動攻勢。第四軍自南向北進攻崇仁、宜黃，第五十八軍由北向南進攻崇仁、臨川，第七十九軍由南向北進攻南城。從二十一日起，各部與日軍在南城、宜黃、崇仁、臨川地區展開激戰，一度包圍臨川、南城日軍，但久攻不克。到三十日，日軍再陷宜黃、崇仁，雙方形成對峙。與此同時，日軍三十日在浙贛線上東西並進發動打通作戰。七月一日，

東進日軍第三十四師團與西進日軍第十三軍第二十二師團會合攻占橫峰，浙贛線被敵全線打通。

中國軍隊這時大多轉移到日軍後方襲擾敵軍，並切斷其交通供給。日軍進退失據，顧此失彼。七月上旬，第三戰區部隊開始發動局部攻勢作戰，先後收復浙江桐廬、建德和江西弋陽、橫峰。十三日，進入臨川一帶的日軍第三師團向南昌回撤，這一地區的作戰遂告結束。二十八日，日軍以預定目的基本實現，下令停戰撤退。東線日軍以確保金華地區於八月中旬退回戰前防線，西線日軍也於八月十九日撤回南昌地區，中國軍隊收復全部失地，浙贛會戰至此結束。

浙贛會戰長達三個多月。日軍在作戰中基本實現了預定目標，除破壞了衢州、麗水、玉山等地機場外，還搶掠了許多物資及浙贛鐵路器材。有日本學者研究後甚至說，浙贛作戰是以攻擊飛機場為目的的作戰，但從「滿洲」調來了鐵道監部一和鐵道聯隊一擔當鐵道作戰的部隊，所以這次作戰「與其說是要『毀滅』飛機場，毋寧說是以攫取鐵路器材為目的……作戰獲得的鐵路器材，一部分為了運輸螢石用於浙贛線的修復工程方面，一部分為了『對蘇聯作戰備用』被運往『滿洲』」[10]。但在中國軍隊的英勇抗擊下，日軍也遭到重大的損失，死傷包括師團長在內的官兵

---

10　〔日〕淺田喬二等著，袁愈佺譯《1937-1945，日本在中國淪陷區的經濟掠奪》，復旦大學出版社 1997 年版，第 371 頁。據日本防衛廳防衛研修所《昭和十八年的中國派遣軍》記載，這次日軍共奪得重鐵軌 6.4 萬條，輕鐵軌 2 萬條，機車 6 輛，其他車輛 39 輛。

二點九萬餘人（日軍自稱 1.7 萬人）。浙贛沿線及贛東地區，受到日軍的嚴重破壞與摧殘，戰火波及浙贛四十八個縣，中國軍民死傷二十五萬餘人（其中中國傷亡官兵 4 萬人）。尤其醜惡的是，日軍在作戰中再次使用了細菌武器，引起浙西和贛東地區嚴重的鼠疫等疫病的流行，對當地人民造成長期的危害。

## 二　贛北遊擊縱隊與根據地活動

　　一九三八年下半年贛北作戰開始後，江西省政府曾派遣楊遇春、鐘石磐分率保安團，前往廬山和岷山開展游擊。蔣介石在南嶽軍事會議上，提出第二期抗戰「游擊戰重於正規戰」原則，要求派遣部隊深入敵後，加強對敵人後方的控制與擾襲，當局對游擊作戰有了進一步的重視。這時，第九戰區建立了以樊崧甫為總指揮的湘鄂贛邊區游擊部隊，統轄兩個正規師配合主力部隊進行遊擊作戰。後又組建第九戰區湘鄂贛邊區游擊挺進軍，一九四〇年五月調第三十三軍團軍團長李默庵為總指揮，統轄湘鄂贛邊區各游擊縱隊，江西省的游擊隊伍被編入其中。李默庵總部一度駐修水漫江。當時在江西境內轄有三個游擊縱隊：

　　第一縱隊以孔荷寵為司令，由陸軍第六十軍第一八三師編成。孔曾任紅十六軍軍長，後投向國民黨。該縱隊在一九三九年九月第一次長沙會戰的贛北作戰中，與第二縱隊在奉新境內擔任截擊交通、擾襲敵後任務，遭敵反擊，頗有傷亡。該縱隊後來主要在鄂贛邊境進行遊擊，孔荷寵後調任陸軍暫編第五十四師師長，一九四三年以貪污罪被第九戰區軍法執行處判刑（1945 年被釋放後在漢口、南京等地經商）。

　　第二縱隊由三個江西保安團編成，最初由以指揮孤軍堅守廬山數月而著名的楊遇春為司令，楊在第一次長沙會戰的贛北敵後擾襲作戰中「因對所部統率失職而撤職」，保安第六團在奉新龍形山遭日軍猛攻傷亡殆盡，由陳洪時接任縱隊司令兼江西第十區行政督察專員。陳曾任中共湘贛省委書記，後投向國民黨，受重用。據記載，他自接任縱隊司令後，「秣馬厲兵，勵精圖治，為贛省不可多得之軍事政治人才」。陳洪時一九四〇年十月四日病死，遺職由康景濂接替。一九四三年二三月間，該縱隊奉九戰區和第三十集團軍之命，北上武寧橫路、雙橋山地區，參與阻擊由鄂南南下的新四軍第五師一部，發生戰鬥，新四軍為避免損傷，退回江北。[11]

　　第三縱隊司令為鐘石磬。主要活動於後面所說的岷山游擊根據地。

　　「挺進縱隊的主要任務是開展游擊抗戰，各挺進縱隊在各邊區均有些戰績。」[12]同時，也承擔游擊區的地方行政事務。但「挺進部隊素質不齊」，有的抗日較為英勇，相當一部分「軍風紀極壞，缺乏戰鬥精神與技術，人民對之無好感，咸稱『游安全之

---

11　《陸軍第三十集團軍王陵基部在鄂南贛北與新四軍第五師等部戰鬥詳報》，1943 年 7 月。存中國第二歷史檔案館。

12　高建中：《葉落歸根黃埔——期生李默庵將軍訪談錄》，當代中國出版社 2002 年版，第 278 頁。

區，擊無辜之民』」[13]，「尚有一小部投敵者」[14]。

　　當時在贛北還建立了一些游擊根據地（區、點），主要有：

　　西山游擊根據地：南昌失陷後，省政府為了牽制占領南昌地區的日軍，建立後方與游擊區的聯繫，發動贛西地區的游擊戰，派遣江西保安第六團進入安義、靖安、奉新地區，創建了以西山為主要據點的游擊根據地。該保安團被編入挺進軍第二縱隊後，這一根據地成為第二縱隊在敵占區邊緣幾縣展開游擊活動的據點，保安第四團接替受重創的第六團成為根據地的主要軍事力量。

　　岷山游擊根據地：岷山坐落在南潯鐵路西側，根據地由叢山中的若干盆地所組成，人口三十餘萬，糧食產量差堪自給。其地因東扼南潯鐵路和星子縣而與廬山遙相對應，北控九江、瑞昌，西靠幕阜山，南制德安，具有重要的戰略地位。一九三三年以來，這裡便是中共贛北工作委員會的所在地，工委書記劉為泗領導紅軍游擊隊在此堅持了長期的游擊戰爭。抗戰爆發後，劉為泗起初不知道中共中央關於建立抗日民族統一戰線的新政策，曾誤將中共湘鄂贛省委派來傳達團結抗日政策、聯繫部隊改編的兩位同志殺害，錯失了所部編入新四軍的機會。其後，劉為泗按照中共的方針政策實行轉變，主動就近與江西保安第十八團（隨即改

13　史美章：《湘鄂贛邊區黨務概況及軍政社會動態》，1942 年 9 月 20 日。原件存江西省檔案館。

14　胡幣林：《贛北鄂南前線敵後視察報告》，1940 年 10 月 10 日。原件存江西省檔案館。

稱第五團）司令鐘石磐談判合作抗日，將部隊改編為贛北抗日遊擊隊，是一支擁有四百多人和較精良的輕重武器的抗日隊伍。

九江淪陷後，省政府派江西保安第三、十一兩團隨部分正規軍在楊遇春指揮下，開闢了廬山游擊根據地。日軍進至德安、永修時，為了牽制敵人和援助廬山孤軍，省政府又派鐘石磐率保安第十八團進入岷山根據地。鐘組織岷山游擊指揮部，劉為泗為大隊長的贛北抗日遊擊隊被改編為一個大隊，共同抗擊贛北日軍，頗有斬獲。但由於國民黨江西當局頑固堅持反共立場，這支隊伍在一九三九年二月二十四日竟遭到鐘石磐的陰謀襲擊，劉為泗及中隊長以上幹部三十多人均遭殺害，鐘石磐在事後所寫《江西岷山游擊指揮部工作報告》中說：「本部五奉上峰電令，嚴飭剿除，乃於二月二十四日在九江岷山附近，將匪首劉為泗等就地槍決，並全部解除其武裝。」這是江西國民黨當局無視團結抗日大業、積極反共的又一次惡劣行為。經此襲擊，「劉部在岷山之實力，至此完全解體」[15]。

一九三九年四月十八日，日軍調動進攻南昌的部分兵力攻占廬山後，岷山的戰略價值更為重要。國民黨當局遂向岷山增派兵力，成立第三挺進縱隊司令部，兼江西省第九行政區，指揮江西保安第五、九團和挺進縱隊兩團共四個團，堅持岷山游擊戰爭。其後，江西保安第十五團附鐵道破壞隊也挺進岷山、大屋，「專

---

15　胡幣林：《贛北鄂南前線敵後視察報告》，1940 年 10 月 10 日。

任南潯鐵路之攻襲破壞」<sup>16</sup>。岷山抗日遊擊根據地曾先後粉碎日軍陸空軍聯合掃蕩三次、步騎兵聯合進攻七次，多次破壞南潯鐵路並曾炸燬日軍火車，成為江西堅持抗戰的最主要的游擊根據地之一。特別是營救美軍飛行員的事蹟，長期受到人們的傳頌：一九四四年八月十七日，中美混合機群又一次轟炸贛北日軍基地，重創停泊在九江和長江的日軍艦艇。作戰中一美軍飛機受損，七位飛行員跳傘降落到岷山腳下的黃老門地區，岷山游擊部隊奮力營救，遭到日軍阻擊，犧牲七十多人，終將全部飛行員營救脫險。

武山游擊根據地：武山地處湖口、彭澤之南，控制著湖口至都昌、景德鎮的陸路交通要道，是防備贛北敵軍進入贛東地區的重要屏障。一九三八年冬，江西當局派遣兩個特務營到彭澤、湖口、都昌地區進行遊擊活動，開闢了武山游擊根據地。隨後，增派江西保安第二團進駐武山，游擊力量更形壯大。該處游擊部隊積極襲擊馬當、湖口地區日軍，並曾渡過長江襲擊安徽望江之敵。

彭湖邊區抗日遊擊根據地：一九四三年，駐守湖北禮山縣（現大悟縣）大小悟山一帶的新四軍第五師，為打通與駐安徽無為的七師和在蘇北的新四軍軍部的直接聯繫，決定在贛北九江、湖口和彭澤間開闢三條通道，建立湖口、彭澤敵後抗日根據地，

16　《第三十集團軍總司令王陵基致第二挺進縱隊司令康泵濂電》，1943年3月4日。

使鄂、皖、贛邊區聯為一片。據此，中共鄂皖邊地委（又稱五地委）領導下的黃（梅）宿（松）工委三月間派遣詹潤民率武工隊進入湖口，五師鄂皖邊軍分區（又稱第五軍分區，司令員張體學、政委劉西堯、參謀長康洪山）派遣鄭重率挺進十八團（第一連和教導隊）進入彭澤。詹潤民武工隊很快進入湖口棠山地區，在彭湖邊境立穩足根，並向武山山脈伸延，控制日偽與國民黨對峙的結合點。鄭重部則在一九四三年初夏從黃梅到七師再到彭澤縣，與商群領導的獨立大隊會合，迅速控制了地方土匪勢力和幫會勢力，建立了民主政權——挺進十八團湖西辦事處，成立了中共彭澤工委（書記商群），打開了局面。同年十二月，鄭重等主持先後在棠山大屋張村成立由時中行（又名時良源）任主任，詹潤民任副主任的棠山辦事處（後擴大為棠山軍民聯合辦事處），在彭澤水下村成立由鄭重任書記的中共鄂贛皖邊中心縣委（後改稱為中共邊江工作委員會），按照「實行民主主義，聯合各黨派進步人士，實行抗日救國，除害安民」的原則，統轄湖口、彭澤、至德、波陽、宿松、望江六縣的抗日遊擊工作。一九四四年三月，又在彭澤石葛陽村成立了中共彭湖工作委員會（1945 年夏改稱彭湖鄱工委）和彭湖聯防大隊。工委和辦事處進行了政權建設、減租減息、擴大抗日武裝、團結在當地的國民黨軍政力量和地方上層人士、爭取偽軍和打擊日偽勢力的鬥爭，陸續建立起楊山、芳中、定山、西山、牌樓、張青、石澗橋、王斯文、彭澤二十五都、橫山等十一個聯村辦事處即鄉政權，大體形成了游擊根據地的縣、鄉、村政權架構。根據地的鬥爭，對日偽在贛北的統治形成了重大的威脅，曾經得到新任新四軍第五師政委鄭位三

的稱讚。抗戰勝利後，該地中共武裝和幹部奉命渡江北上。[17]

此外，在修水、武寧和湖北陽新邊界及其他小塊地區，也建立了游擊區或游擊點。一九四〇年六月，游擊隊曾一舉燒燬武寧日軍毒氣倉庫，並使三百多名日軍中毒，在當時影響很大。一些零星游擊隊的活動也很活躍。如一九四四年十月十七日游擊隊潛入永修馬口，燒燬日本九江三星洋行分行及其囤積的物資；游擊隊還曾潛入南昌，襲擾日軍和燒燬日軍倉庫。

## 三　民眾的抗敵

在全民抗戰的大局中，隨時隨處可見普通百姓以各種形式，投身抗戰的身影。一九四三年，江西省各界民眾抗敵後援會曾經將收集到的各界民眾抗敵事蹟，編輯為《江西省各界民眾抗敵史料》出版。這本書，記錄了許多普通老百姓英勇抗日的事蹟。這樣的事蹟，也在其他形式的記載或口碑中，流傳下來[18]，它們構成了神聖抗戰的光輝一頁。

江西民眾的抗日事蹟，當時被概括為三個方面：

第一，為國效忠，包括因公犧牲的殉公者和被俘死難的殉義者。這類事蹟甚多，像南昌市百花洲小學教師盧英，在敵機轟炸時，為組織學生進入地下室而中彈犧牲，年僅二十七歲，是為公

---

17　詳見王顯道：《彭湖邊地區的抗日鬥爭》，未刊稿。

18　如抗戰勝利後省政府調查全省抗敵忠烈事蹟，僅 1946 年已收到的南昌市、興國、高安等 17 個市縣報送的材料，即達 3396 人（《江西省政府三十五年度政績比較表》，存江西省檔案館）。

犧牲者。安義第二區第十三保農民張鑑理，在日偽軍進擾萬埠時，英勇不屈，隻身與敵肉搏殉難；靖安第二區核心組長胡升璠，在潛入敵後偵探敵情時被捕，日軍強迫他充當嚮導，結果他將日軍引入迷途，被惱怒的日軍殺害，是為殉義者。更為突出的是，湖口縣第一區農民陳植楷，一九四〇年二月帶路引導中國軍隊在江湖水道布放水雷，先後炸沉日軍艦艇十四艘，炸死日軍數百名，立下奇功。陳植楷隨後不幸被日軍逮捕，遭受酷刑，堅貞不屈，慘遭殺害。

第二，英勇死節，包括持正不阿的守正者和守貞不渝的守貞者。修水人、以詩名噪天下的我國著名學者陳三立，一九三三年移居北平（今北京），先是嚴拒去偽滿任職的勸誘；一九三七年北平、天津淪陷後，又堅拒日偽當局強邀他出任偽新民學院院長的要求，任其「遊說百端皆不許」，遊說者天天在他門口糾纏不休，引起他的憤怒，遂喊來保姆用掃帚將其逐去，「因發憤不食五日死」[19]。德安人劉碩貴，在日軍占領德安，強迫他出面成立偽組織時，堅決不從，被日軍殺害，年僅三十二歲。星子縣十七歲的姑娘李青蓮，被日軍捕捉，日軍「逼供我方軍情，不答；復施非禮，拒不從」，被殺害[20]。

第三，慷慨奉獻，包括奮起殺敵的反抗者、自動請纓的獻身

---

19　吳宗慈：《陳三立傳略》，引自張良俊撰《陳三立》，《江西近現代人物傳稿》，第 1 輯，第 194 頁。

20　江西各界民眾抗敵後援會編《江西省各界民眾抗敵史料》，第 1 輯，1942 年 1 月出版。存江西省檔案館。

者、乘時自效的獻力者和慷慨輸將的獻財者。據史料記載，瑞昌南陽鄉山上黃村人黃繼忠，素具膽識，一九四一年春見二名日軍由碼頭鎮竄來村中尋覓婦女，乃潛藏在要隘處，等敵靠近時，舉石猛擊，敵避之不及竟斃命。他將敵屍投入深谷中，並洗清血跡，以免遭敵查蹤報復。高安石腦農民朱火，一九四一年三月，用鋤頭擊斃一敵；新建人霍昌海與其弟擊斃敵軍二人、傷一人，自己也在搏鬥中犧牲。餘干羅家農民殺死施暴的六個日軍，樓下村農民用刀矛鋤頭消滅搶劫的九個日軍，新屋彭家村農民亂棍打死五個施暴的敵人，南昌塘南農民胡木林用木棒敲碎一個日軍腦袋，這類因日軍暴行激發的奮起抵抗事蹟，在全省不少地方都曾發生。南昌近郊桃竹叢魏村村民，被日軍在周圍村莊燒殺姦淫的獸行所激怒，面對衝進村強迫交出婦女的十九個日本兵，村民們男扮女裝，暗藏利刃，佯作殷情，乘敵不備將其全部殺死。這是戰時一次非武裝的民眾自動反抗、機智殺敵的突出事例。事後，日軍包圍該村，瘋狂屠殺村民五百餘人。[21]

獻財出力者更是舉不勝舉。一九四一年五月，廣豐縣年屆古稀的清末翰林徐浩、季桃華，響應有錢出錢、有力出力的號召，為抗日事業慷慨輸將，傳揚一時。二老以年邁力衰不能親上前線，決定將自己的全部家產「共計一百三十萬元悉數捐助解交中央」，資助抗戰。蔣介石對此也受到感動，立即題寫「毀家紓難」

---

21　《南昌市志》，第 5 冊，第 310 頁。

橫額兩幀分贈二人，並發電請廣豐縣長代為致謝。[22] 還有一位新建縣的徐氏老婆婆，目睹日軍暴行，痛恨不已，一九四三年七月二十八日，乃將自己多年積蓄與家產二點一萬元儘數捐獻出來，用於政府購買飛機抗敵。一九四二年秋到一九四三年，江西各界民眾捐款購機活動迭起高潮，先後捐款購買飛機多架。中國空軍因全國人民的捐助，裝備得到加強。也是從一九四三年起，江西境內的制空權，基本被中美空軍所掌握。

其他諸如江西民眾奮勇從軍、購買救國公債、抗敵獻金、募集棉被寒衣、捐獻公債庫券等等，實在太多。需要特別提及的是江西農村婦女，投身抗日救亡活動，令人感動。據當時在江西的雷潔瓊記載：「一九三九年至一九四二年，廣大農村婦女積極出錢出力，為前方將士捐獻現金二十多萬元，制布鞋四萬餘雙，……有些窮山溝的農村姊妹，將婚嫁時珍藏多年的銀首飾都捐獻出來，一根銀簪，一副耳環，一個戒指都表達了廣大農村婦女的愛國熱忱」，「在游擊區，婦女隊還組織當地婦女傳遞情報、運送彈藥、供應茶水、救護傷兵，擔負起光榮的任務」[23]。

以上所舉，只是萬千民眾抗敵事蹟中的點滴。但僅從這些點滴中，也充分地表現出了江西人民不畏強暴、眾志成城的愛國精神和凜然正氣。這種精神和正氣，是抗日戰爭最終取得勝利的根

---

22 《江西省各界民眾抗戰史料》，第 1 輯，1942 年 1 月出版。
23 雷潔瓊：《抗戰初期的江西婦女運動》，《人民日報》1985 年 8 月 21 日。

本原因。

## 四　在困苦生活下的堅守

抗戰時期，全省人口是一個不斷下降的勢頭。人口總數，一九三七年為一千五百一十九萬人，到一九四六年七月為一千二百八十四萬人[24]，減少了二百三十五萬人。人口分佈，以一九四三年九月為例，全省總戶數二百六十二萬五千五百七十九戶，一千三百九十點八萬人，其中男七百一十三點三萬人，女六百七十七點五萬人，壯丁一百八十七萬一千九百三十六人，戶均人口五點三人，男女比例為一百零五比一百，每百男子中壯丁數為二十六人，每平方公里土地人口數為八十人。[25]這一統計說明，儘管男女比例尚屬正常，但男子中壯丁人數（18-45 歲）比例過低、老少人口比例過高，反映了青壯年大量出征和傷亡的事實。

抗戰軍興，全省物價「無不紛紛奇漲」，成為影響民生安定和抗戰事業的重要因素。物價奇漲，當時分析原因有二：一是來源缺乏，供不應求；二是「不肖商人」壟斷居奇，操縱謀利。省政當局在發展經濟和貿易以開源的同時，在管制物價、物資和節流上也曾做出過努力。一九三八年三月，為解決物價過昂問題，成立由省黨部牽頭，民政廳、警備司令部、警察局和商會等十一個機關團體組成的「非常時期江西省物價評議會」，負責評議和

24　《江西統計》，第 8 期（1946 年 12 月）。實數為 12836619 人。
25　《江西統計》，第 1 卷第 5 期（1944 年 11 月）。

調整物價。四月，省黨部頒發《非常時期江西省物價評議會議組織規則》及評議辦法，令各縣同樣組織物價評議會，以「注意人民生計，防止商人高抬物價」。此後，還相繼成立江西省日用必需品平價購銷處、食鹽專賣局、糧食公賣處、緝私處、江西省物價管制委員會（1943 年 6 月）等機構，對糧食、食鹽等重要物資實行全面限價和限銷，也多次破獲過囤積大案，如一九四三年秋先後破獲的泰和、吉安商人的私囤銀幣、銀錠、銀條案，吉安商人的多起囤積布匹、顏料案[26]，但終究無法解決物價飛漲的問題。特別是到抗戰後期，物價的直線飆升，成為最為嚴重的社會問題之一，給人民的生計帶來難以忍受的苦痛。就是在物資供應最有保障的臨時省會泰和，這種情況也不例外，而使工薪低微的整個公務員隊伍的日常生活備受衝擊。

· 1937-1945 年泰和縣公務員生活費指數[27]

|  | 總消費值 | 總指數 | 食物類 | 衣著類 | 房租類 | 燃料類 | 雜項類 |
|---|---|---|---|---|---|---|---|
| 物品項數 | 29 | 29 | 10 | 6 | 1 | 2 | 10 |
| 1937.6 | 11.3 元 | 100 | 101 | 101 | 100 | 99 | 100 |

---

26　《抗日戰爭期間江西大事月表》，1943 年 8 月 1 日；1943 年 10 月 17 日。存江西省檔案館。

27　《江西統計》，第 6 期（1946 年 6 月）。

| | 總消費值 | 總指數 | 食物類 | 衣著類 | 房租類 | 燃料類 | 雜項類 |
|---|---|---|---|---|---|---|---|
| 1937.12 | 13.0 元 | 115 | 121 | 122 | 100 | 101 | 112 |
| 1938.12 | 20.2 元 | 178 | 171 | 243 | 150 | 170 | 174 |
| 1939.12 | 32.6 元 | 288 | 269 | 315 | 450 | 483 | 264 |
| 1940.12 | 74.4 元 | 656 | 673 | 687 | 700 | 780 | 627 |
| 1941.12 | 168.7 元 | 1487 | 1664 | 2109 | 1300 | 1497 | 1293 |
| 1942.12 | 488.3 元 | 4306 | 4759 | 8303 | 3320 | 6368 | 3272 |
| 1943.12 | 1856.2 元 | 16365 | 20002 | 27470 | 15000 | 19190 | 12216 |
| 1944.12 | 5037.2 元 | 44412 | 42198 | 101539 | 30000 | 49287 | 37039 |
| 1945.12 | 9682.1 元 | 85365 | 88352 | 230018 | 35000 | 125743 | 60326 |

　　避免浪費及減少消費是戰時節流的主要內容。一九三八年八月，省政府向公務人員發出通告，要求在抗戰期間，其一切舉動均應作民表率，各項浪費宜痛加革除，規定「凡公務人員，如遇

婚喪壽宴，務須力求節儉，不得妄加浪費」。又制定《公務人員
革除婚喪壽宴浪費暫行辦法》，明令對藉口違反者決予懲處。[28]
一九四二年四月，新任省主席曹浩森進一步採取措施，解決他所
認為的江西社會風氣稍嫌奢侈、不如重慶儉樸的問題，公佈江西
省《非常時期取締宴會及送禮辦法》，在全省統一取消宴會和送
禮，因特殊事故必須舉行宴會或送禮者，須向當地警察機關申請
登記。這個規定，次年七月以再次公佈《非常時期江西省省會取
締宴會及限制酒食辦法》，得到重申。江西省政府為了節減糧食
消費，還規定不准釀酒，限制米食加工，只准人民食用糙米即
「稻穀礱去稻殼之米」[29]。這一點，連蔣介石也覺得有些過分，
認為實行「恐多困難」，下令照顧地方消費習慣「酌定適當標
準」[30]。

　　比較而言，農民的生活尤其艱難。戰時江西農村，佃農和半
自耕農占農村農戶的比例，常年在百分之七十一到百分之七十四
之間，即約占三分之二。他們是重租重役的主要承擔者。據江西
農業院一九三九年的調查，江西田租有錢租、谷租和分租三種形
式，分別占百分之五點六九、百分之八十點九七和百分之十三點
三四，以谷租為主。谷租的數量，各地不同，上等田以貴溪最

---

28　《公務員應歷行節約，革除婚喪等浪費》，《江西民國日報》1938 年 8
　　月 23 日。

29　《江西省糧倉節約實施細則》，1942 年 1 月 6 日第 1434 次省務會議修
　　正。

30　《行政院院長蔣中正給江西省政府的指令》，1942 年 4 月 23 日。

高，每畝納租四點五石，會昌最低，納一點二石；中等田萍鄉最高，納四石，會昌最低，納零點八石；下等田萍鄉、吉安最高，納三石，會昌最低，納零點四石。[31]租額不同與當地產量有關，但租額所占收穫總量，全省大多在一半到三分之二之間，是一個相當重的分量。這種狀況，與戰前沒有什麼改變。

農民的負擔，在一九四一年前未實行田賦徵實徵購前，在戰爭環境下相對說來不算重，而且因為貨幣貶值，用貨幣交納田賦和捐稅等，實際的負擔其實還有減輕，從那幾年的鄉村物價及農民購買力上看，下降比率還不是太大：

·1937-1942 年臨川等 5 縣鄉村物價及購買力係數[32]

| 年份 | 農民所得物價係數 | | | | | 農民所付物價指數 | | | | | 農民購買力指數 | | | | |
|---|---|---|---|---|---|---|---|---|---|---|---|---|---|---|---|
| | 臨川 | 吉安 | 贛縣 | 會昌 | 萍鄉 | 臨川 | 吉安 | 贛縣 | 會昌 | 萍鄉 | 臨川 | 吉安 | 贛縣 | 會昌 | 萍鄉 |
| 1937 | 100 | 100 | 100 | 100 | 100 | 100 | 100 | 100 | 100 | 100 | 100 | 100 | 100 | 100 | 100 |
| 1938 | 90 | 92 | 88 | 101 | 109 | 114 | 110 | 111 | 109 | 125 | 79 | 84 | 79 | 93 | 87 |
| 1939 | 117 | 118 | 116 | 142 | 123 | 153 | 143 | 140 | 142 | 154 | 77 | 83 | 89 | 100 | 80 |
| 1940 | | 314 | 334 | | 139 | | 377 | 310 | | 327 | | | 73 | | |
| 1941 | | 1049 | 1043 | | | | 809 | 662 | | | | 130 | 158 | | |
| 1942 | | 1882 | 1851 | | | | 2100 | 1811 | | | | 90 | 102 | | |

31 稻穀每石等於 104，108 市斤每擔等於 100 市斤。
32 中央農業實驗所編《近七年鄉村物價調查》、《鄉村物價月報》；《江西統計》，第 1 卷第 3 期（1943 年 3 月）。註：原表有逐月指數，此僅列年平均數。

　　表中可見，農民出賣農產品所得的價錢，絕大多數地方比他們購買物品所付出的價錢要低，而他們的實際購買力，一般都比一九三七年有下降，但差別還不顯著。顯著的差別出現在一九四一年九月實行征實徵購後。這時，農民負擔明顯加重，生活狀況明顯惡化，主要表現在兩個方面：其一，所有負擔均折徵糧食，實際負擔大大增加。如進賢第二區，每戶平均負擔糧食為九點四七擔，人均竟達二點一擔，以戶均糧食收支計算，每戶平均不足數與負擔數大致相當，因此只有壓縮基本口糧以完負擔。[33]當時調查各項稅收、征課，一九四五年全省人民人均負擔一千三百五十二元，約合稻穀八斗八升，這個負擔尚未包括「人民捐獻及鄉鎮保攤派」，鄉鎮保攤派項目主要有保甲經費、優待谷、清潔捐、徵集費、征工等，也是一筆不小的數目。因此，連省政府也承認「人民負擔較重」[34]。其二，農民的糧食全部被政府徵購和控制，不能自己拿到市場上出賣來得到較高的價錢，而政府付給他們的徵購糧款，不但比市價低很多，而且百分之四十給現金、百分之六十給糧食庫券。這樣一來，政府雖然平抑了糧價和財政支出，保證了糧食的戰時供給，但農民卻需承受三個方面的損失：一是糧價之低與其他物價之高形成巨大的不平等差價，農民只能以少得可憐的糧食收入，去購買價格驚人的其他物品。二是

---

33　《進賢縣政府 1943 年 4 月下旬米穀購撥對照表及各區鄉人口、耕地產址、徵收負擔統計表》，原件存江西省檔案館。

34　《江西省政府三十六年度政績比較表》，1948 年 2 月編制，原件存江西省檔案館。

即使有百分之四十的糧款，因需經區鄉保甲長等轉手，並不能完全落到農民手中。據記載，各地對農民糧款「侵吞挪用或扣繳捐稅」之事「不斷的發生」，「甚至有的縣長也有這種不法的行為」，嚴重者，糧款「真正能完全發到老百姓手上的，十不及一」[35]，有的甚至乾脆「不給價款」。三是糧食庫券實質上是一種戰時債券，但政府並無償還能力，除一九四三年使用小部分抵交農民派配的積穀外，實際上成為廢紙一張，農民因此承擔了巨大的賠累。[36]因此，一九四一年後，農民不但購買力下降到極點，而且相當多的農戶連最低生活也難保證，要依靠借貸度日。其中僅借糧度荒的農戶占總農戶的百分之五十七點二，他們秋後還糧時要承擔百分之三十的高利貸利率。

處於敵我交界和交戰地區的人們，所受災害更是深重。例如高安處於敵我相接前沿，「為抗戰期間百戰之地，因之所受損害也特別重大，縣城南北兩個部分，盡成為一片廢墟，只見到蘆葦成林，磚瓦塞途，卻找不出一間比較完整的房屋」，鄉村只剩下敗壁殘垣，當地災民經受著流亡的痛苦，無處可以趨避風雨，衣服、糧食被敵人糟蹋精光，「極目荒涼景象確實悽慘得很」[37]。又如鄱陽湖區的漁民，「一面受敵寇隨意殺戮之迫害」，因遭日

35　熊渭清：《江西省徵購糧食的回顧與展望》，《江西糧政》，第 1 卷第 3 期。

36　詳見何友良《抗戰時期江西糧食征供情況考察》，《抗日戰爭研究》，1993 年第 2 期。

37　鄭仁傑：《戰後的高安》，《江西民國日報》1945 年 12 月 27 日。

軍汽艇機槍射殺的漁民，屍沉湖底，漁船漂流湖面數月無人過問；一面則因敵我雙方在湖港設防，導致捕魚範圍日促，「生活苦況遂更不可名狀」[38]。而所有游擊區的農村農民，不僅要遭受日軍的搶掠糧食、物資之害，而且要遭受中國戰區部隊和政府為與敵人爭奪物資而來的「搶購」糧食之苦，其生活苦痛也是不堪言說。[39]

　　就是在如此艱難的生活狀況下，江西人民表現出驚人的忍耐力和犧牲精神。所以能夠如此，根本所在，就是為了戰勝日本侵略者，為了民族的解放和復興。因此，廣大人民以自己的無聲的奉獻和罕見的堅忍，支持長達八年的戰爭，堅持為抗戰出兵出糧、出工出力直至戰爭勝利。他們是民族的脊樑和抗日戰爭的生力軍。以農民為主的各界人民對抗日戰爭作出的巨大貢獻與犧牲，必將永久地鐫刻在中華民族的光輝史冊上。

---

38　劉繼培：《鄱陽湖區歸來》，民國《江西通志稿》，第 19 冊，第 51 頁。

39　如 1941 年 7 月《第九集團軍搶購淪陷僅糧食暫行辦法草案》，將贛北淪陷區及鄰接淪陷區各縣劃為 4 個搶購區，由駐防該區部隊負責搶購。負責其中一區的新三軍隨即將其負責的高安、奉新、安義區劃分為 3 個搶購區，規定所搶購的糧食每石支付法幣 15 元、米每石 31 元。

## 第二節 ▶ 蔣經國與「新贛南」建設

### 一 建設「新贛南」的由來

戰時江西後方政治中一件在國內外都富有影響的事情，是蔣經國領導的「新贛南」建設。

蔣經國（1910-1988 年）是國民黨總裁蔣介石的長子。早年留學蘇聯，在蘇聯受到社會主義思想的薰陶。一九三七年回國。一九三八年三月，蔣經國來到江西，出任省保安處少將副處長，九月任江西新兵督練處處長，參與籌劃廬山抗日游擊戰，並曾堅持祕密上山看望孤軍堅守廬山的楊遇春部保安游擊部隊。一九三九年六月，出任江西省第四行政區（轄贛南 11 縣）行政督察專員兼保安司令，同時兼任贛縣縣長。到一九四五年二月離任去重慶，蔣經國在贛南任上計達六年。

蔣經國到贛南就任時，面臨的形勢和環境已相當嚴峻：上海、杭州、廣州和武漢等重地已經失守，江西省會南昌及贛北也已經淪陷，江西成為東南抗日戰爭的前線，境內駐有第三、九兩個戰區的部隊，分別在贛東和贛西北與日軍形成對峙，全省比較安全的地區只剩贛西贛南。江西承擔著從人力和物力上支撐東南抗日作戰、屏蔽西南大後方的重

· 正西第四區行政督察專員兼保安司令蔣經國（《青年時代的蔣經國》）

大任務，地位日顯緊要。就贛南而言，該區地處贛粵湘三省毗鄰之區，雖為前線的後方，但也遭到了戰爭的嚴重破壞。就在蔣經國接任的次日即一九三九年六月十二日，日機即分批空襲贛州，專署四周被炸，傷亡百餘人，蔣經國的住宅亦遭機槍掃射，其妻子、兒子只得隱遷到城外通天廟中居住。此後十餘天內，贛南各縣城皆先後被炸，而敵機轟炸贛州已大半改用燃燒彈，這使他一上任即面對滿目瘡痍。他在上任十多天後寫給父母的信中說，他自己兼任救護、消防總隊長，每有轟炸即「率領隊員馳赴投彈災區工作」，親自參與現場消防、救護，並曾親手從瓦礫堆中救活母子二人。另一方面，國民黨地方政治的現實也混亂不堪。贛南曾經長期是粵系軍閥的勢力範圍，從北伐到兩廣事變一直有粵軍盤駐，其據地稱雄，橫行霸道，實際上控制著鄰接廣東的五個縣縣長的安排權和贛南鎢礦的管理、稅收權，以致如親歷者所言，江西「省政府的政令，一向進不了贛南」[40]，成為長期困擾江西省政府的問題。同時，「粵軍在贛南煙賭公開」，軍官與粵商包煙包賭包娼，並不隱蔽，造成即使在兩廣事變平息、粵軍交還贛南政權後，其「煙賭娼之為害，人民的痛苦是不堪言狀的」[41]的現狀。基層地方事務則多「把持在土豪劣紳手裡」，他們恃強凌弱，欺壓百姓，侵蝕和操縱政權，致使政令不能推行，人民過著

---

40　曲云霞：《「五有」和「十多」》，載江西省贛州市政協文史委員會編《江西文史資料選輯》第 35 輯（蔣經國在贛南專輯），第 143 頁。

41　《江西省政府委員李德釗視察贛東北、贛南的報告》，《江西民國日報》1936 年 9 月 8 日。

「窮苦黑暗的生活」，社會「情況混亂到了極點」。就在一九三九年初，即曾發生安遠、上猶兩縣自衛隊「綁禁縣長」，駐贛南三個保安團的部分官佐「毆辱」當時的行署專員劉已達、致使「贛南情勢迫切」的事件[42]，如此等等。蔣經國將這些現象，徑稱為虛偽的、封建的和黑暗的政治。嚴酷的現實與蔣經國的背景、條件和抱負相匯合，激使他下決心「勇敢站起來，號召志同道合的朋友，來清除社會的罪惡，來反抗人類的仇敵」，「為贛南的人民，打出一條生路」，為湘浙贛閩粵「建立一個抗戰建國的據點」。

一九四〇年一月，蔣經國正式提出「建設新贛南」的設想。在當時舉行的春節座談會上，他首次闡述了「推行新政治，建設新贛南」的想法，並將三年實現人人有工做、人人有飯吃、人人有衣穿、人人有屋住、人人有書讀，作為建設新贛南的目標。後來，他對建設新贛南的內涵有過進一步的概括，指出建設新贛南，就是要「推翻舊的政治和經濟制度，而創造一個新的三民主義的經濟和政治制度」，「將一個落後的貧窮痛苦的舊贛南，變成一個前進的富強康樂的新贛南」[43]。

---

42　《中國國民黨江西省執行委員會第十八次會議紀錄》，1939 年 2 月 24 日。原件存中國第二歷史檔案館。

43　《用心血來培養革命的幼苗》（1943 年 11 月 19 日），《蔣經國先生全集》，台北，新聞局 1991 年版第 3 冊，將該文時間推算為「八、9 月間」，似誤。該全集有關贛南部分還有幾處有誤。

## 二 新贛南建設的主要內容

新贛南建設的主要內容，簡單地說由兩個方面組成：一是採取「毫不容情」的「霹靂手段」，來改變政治現實和社會風氣，是為「滅舊」；一是提出三年計劃和五年計劃，進行以經濟為重點、包括政治和教育的全面建設，是為「創新」。

「滅舊」方面的內容主要有：

一是嚴禁煙賭娼，轉變社會風氣。建設新贛南的活動，實際上以嚴禁煙賭娼、轉變風氣首開其端。蔣經國上任才十幾天就「已開始嚴禁煙賭」（禁娼稍後）。他認為，煙賭娼一是敗壞了社會風氣，二是浪費了社會財物（全贛南一年僅賭、娼二項即需消耗六百五十萬元，煙款更多，若以之用於建設可做許多事）。因此，他將嚴禁煙賭娼、轉變社會風氣作為修明政治的突破口和「先決條件」[44]，採用極為嚴厲的辦法施禁，其做法大體是一九四〇年前，讓犯禁者在公共場所示眾；一九四一年起，境內仍有售販吸食和偷種鴉片者，「只要查實，一律槍決」，同時設立婦女工廠和收容所，分別收容娼妓及「不管他是什麼人」的賭犯，並視情節罰充苦工、開農場、掃街道等，以促其覺悟和反省，重新做個良好公民。客觀地說，禁煙並不自蔣經國始，贛南此前即被「定為絕對禁煙區」，但「這不過是一句話」，說說而已。蔣經國的嚴禁政策實施後，則大為不同，不僅煙賭銷聲匿跡，過去

---

44　《為報告贛南各縣城遭日寇轟炸等事上父母親函》（1939 年 6 月 23 日），《蔣經國先生全集》，第 15 冊第 244 頁。

的「牌聲徹夜」不再耳聞，娼妓也基本禁絕，可以說效果顯著。

二是「除暴安良」，打擊土豪劣紳等「腐惡勢力」。蔣經國認為，土豪劣紳把持地方事務是導致政令不能推行、平民百姓不安生業的原因，要使政令暢通，人民安居樂業、新贛南建設成功和地方自治實行，就必須消滅土豪劣紳，肅清流氓地痞，打倒一切惡勢力，「建立人民的權力」。為此，採用拘案、監禁、罰款物、罰做苦工、用「罪惡板」公示等辦法，「毫不留情地打擊」土豪劣紳；實行整編自衛隊、辦理清鄉、收繳民槍、訓練壯丁和徹底剿滅非法武裝（其中也含有攻擊共產黨領導的地方游擊隊的內容），來改變地方武力被「一般土豪劣紳所把持」和「落伍的軍人」組織非法武裝的事實。同時，地方上的公正士紳也相應得到保護和尊敬。但這些行動，遇到了土劣惡勢力的激烈反抗，一九四二年曾發生個別土劣暗殺蔣經國的得力幹部，甚至聲言要收買蔣經國人頭的事件。

三是整肅貪官污吏，建立廉潔的地方政府。蔣經國痛恨貪官污吏和官場惡習，認為亂派捐款、詐索百姓金錢以肥己的官吏寡廉鮮恥，其「行為完全與土匪相同」，是破壞新贛南建設的阻力和危害人民福利的蟊賊，一定要「嚴辦貪污」，「剷除貪官污吏，土豪劣紳」，建立廉潔的地方政府和民主政治的基礎，維護正義和公平。因此，他採用「最嚴厲的辦法肅清貪污」，規定凡貪污三百元以上者槍斃（即使是他親自培養提拔的幹部、親信犯規，也曾「忍痛」處死而不寬貸）；要求配合調整機構和人員轉變政府作風，全力克服腐化危險，禁止向民眾亂派捐款，整頓租稅田

賦，平抑物價；「獎勵人民檢舉」[45]，並組織政風巡察團到各地去檢舉大小貪官污吏、新舊土豪劣紳，清除「害群之馬」；要求從專署人員、縣鄉長到保甲長的各級官吏，「特別要憂勤惕勵，言行自檢」，克制不正當的慾望，根除貪污惡習，「永遠保持自己的貞潔」[46]。

在「創新」方面，提出了新贛南建設三年計劃和五年計劃，致力於進行政治、經濟和文化教育方面的建設。

一九四〇年秋，蔣經國親自擬定了新贛南建設的第一次三年計劃（1941-1943 年），要求各縣逐年逐項按分解下達的指標落實執行。這個計劃，包羅全面，提出農業、林業、工業、交通、商業、礦業、文化、教育、衛生、救濟、政治等十一個方面的建設，每項建設內分目標和實施要項（項目和年度要求），提出了許多建設指標和要求。如農業建設，目標為採取科學方法，運用金融力量，以謀農村經濟之發展，農民生活之改善，在消極方面，力求家給戶足，在積極方面，力求輸出增加；實施要項則分十項，有墾殖荒地，廣設農場，推廣合作組織，擴大冬耕運動，推廣植棉，修治農田水利，防治獸疫，開闢果園，建築農民新村，改良家具。又如教育建設，目標為普及國民教育，培植地方

---

45　《新贛南與實施憲政》，《正氣日報》1944 年 1 月 14 日。

46　分見《勇敢地來悔過來改過克服贛南的政治危機爭取更大的事業勝利》（1942 年 5 月 4 日），《蔣經國先生全集》，第 15 冊，第 289 頁；《新贛南三十年度工作總檢討》（1941 年 12 月 29 日），《蔣經國先生全集》，第 3 冊，第 211-212 頁。

自治基礎，灌輸戰時知識，輔導民眾組訓，推行勞動生產，改善國民生計，最低限度，應使人人皆能識字，人人皆有強烈之民族意識，人人皆有生活之技能；實施要項為二十項，為每縣設一中學，創設職業學校，實施青年訓練，完成鄉（鎮）中心學校，普設國民學校（保學），實施輔導制度，加緊訓練師資，妥籌國民學校基金，掃除文盲，推行生產勞作教育，建築校舍，加緊推行國民精神總動員，設立圖書館，建築體育場，提倡音樂體育，實施公務員補習教育，推行幼稚教育，創辦托兒所，獎勵捐資辦學，設置獎助金。[47]客觀地說，這個計劃相當周全，除了有的指標過高外，不少內容具有可行性，而且為地方建設所必須。

在三年計劃到期時，一九四三年九月，蔣經國進一步提出了建設新贛南的第二次五年計劃（1944-1948 年）。與三年計劃涵蓋廣泛不同，五年計劃完全是一個經濟建設計劃，但規模更為宏大，指標更為驚人，提出了工業機械化、農業工業化、城市現代化、樹立重工業基礎等大膽設想和具體指標[48]。這兩個計劃（後者並未實施），反映了蔣經國的基本建設思想和目標規劃，事實上成為新贛南建設的主要活動。

在貧窮落後的贛南進行大規模建設，最大難題是巨大的經費需求與財力微薄的矛盾。為解決這一矛盾，蔣經國除了爭取省政

47　《建設新贛南第一次三年計劃》（1940 年 9 月），《民國檔案》1996 年第 4 期。
48　見《新贛南五年建設計劃草案》（自民國卅三年至卅七年），《正氣日報》1943 年 10 月 13 日。

府對贛南興辦工業的支持外[49]，還先後採取了在政府計劃與統制下獎勵私人投資，吸收外資，提倡自力更生的建設精神，建設捐款按「錢多的人多出錢，錢少的人少出錢，無錢的人不出錢」的原則徵收，以及清查公產公款、整頓稅收、發展公營事業以利增收等措施。此外，比較注意派款招怨、官吏中飽的問題，實行通盤籌劃財政總預算，確定老百姓的應分擔款額，實行「一年只派一次款」，並由百姓直接向經征處繳納[50]。這個辦法具有創造性和革命性，注重從制度上消除以往隨意派款和層層盤剝的諸多流弊，對確實減輕人民負擔和有效防止官吏貪挪，都不失為好方法。

此外，在政治建設方面，蔣經國揭出的旗號是「修明政治與愛護人民」（這也是他一九三九年六月十二日所作第一份「施政」講詞的主題。因此，培植新的幹部和聚集民眾成為這方面工作的重點。他自己十分注重深入鄉村民間，僅在上任一年多的時間內，即爬山過嶺，步行二千八百五十里巡訪各地，清楚全區有多少橋、茶亭和水利工程需要修理；聽取民眾呼聲，實行星期四接見民眾和在各地遍設民眾代筆處制度，親自「詢問生活狀況，並調查控訴案件」[51]，解決民眾要求和痛苦，僅兼任贛縣縣長的頭

---

49　《蔣經國關於贛南舉辦工業致省建設廳廳長楊綽庵函》，1941 年 7 月 9 日。原件存江西省檔案館。

50　《贛南當前要政》（1942 年 9 月），《蔣經國先生全集》，第 3 冊，第 364-365 頁。

51　《蔣專員經國出巡南康》，《江西民國日報》1939 年 8 月 19 日。

半年，親自處理的民眾控訴即達一千二百五十五件，一九四二年一年接見的民眾有一千零二十三人。他還要求公務員接近民眾，體察百姓疾苦，尊重國民（不論貧富）的人格，對人民要有惻隱之心，要發揮人民的價值和解決人民的需要即最低限度為人民解決疾病、痛苦和貧困[52]，反對害民擾民和愚民；提出改善官民關係，制定十六條官民合作公約，還特別組織政工隊深入鄉村，以農民為工作對象，調整軍民官民關係、調查各縣施政情況、督導各地工作。這些做法，不論其動機如何，客觀上對人民群眾是有益的。

在文化教育方面，辦校興學受到特別的重視，甚至提出了開辦大學的設想。同時，也強調理想、精神對人們生活的影響，而將「改變人民的心理」使之「精神時代化」，視為與經濟建設同樣重要的任務，提出人人都要讀書看報、人人都要高興快樂、人人都要強壯健康、人人都要相親相愛、人人都要勞動做事五項精神建設目標，倡導文化「迅速深入民間，以破除封建思想，竣揚民族精神，提高知識水平，促成社會進步」，培養具有民族意識與國家觀念的新國民。蔣經國還意圖改革習俗，制定《新贛南家訓》[53]，確定農民節、健康節、官民同樂節、讀書節等十多個新

52 《修明政治與愛護人民》，《江西民國日報》1939 年 6 月 14 日-18 日。
53 該家訓內容為：東方發白，大家起床。洗臉刷牙，打掃廳房。天天運動，身體健康。內外清潔，整齊大方。時間寶貴，工作緊張。休息睡覺，反省思掀。吃飯吃粥，種田艱難不忘。穿衣穿鞋，要從辛苦著想。事事宜先準備，免得臨時慌張。春天栽樹木，夏天造穀倉。秋收多貯藏，冬季種雜糧。夏衣春天做，冬衣秋季證。天晴修房屋，天幣

節日，進行衛生建設和實行陽曆年、贛南居民掛戴標識等等，其中有一些規定過於機械，與傳統生活習慣發生衝突，引起了人們生活的諸多不便。

## 三 成效與影響

建設新贛南的活動，涉及抗日戰爭時期國統區地方政治革新和社會建設的問題，在當時產生了廣泛的影響。當時，國民黨內反應固然強烈，延安也表示了一定的關注，國內輿論紛起傳播，美英等國也有報導乃至記者的實地考察。熱情的讚揚和懇切的期

補衣裳。戶戶養雞鴨，家家畜牛羊。處處要節約，無事當作有事防。時時要儲蓄，有錢應作無錢想。青菜豆腐最營養，山珍海味壞肝腸。服裝器具用國貨，經濟耐用頂適當。父母教子女，兄長教弟妹。勿貪錢財勿說謊，戒煙戒賭莫遊蕩。生活要刻苦，婚喪勿鋪張。待人要誠懇，做事要有常。否度宜從容，舉止要端方。友愛兄弟，孝敬爺娘。妯娌和睦，一家安詳。不聽閒話，自己有主張。不管閒事，埋頭幹一場。禍從口出，休要說短論長。病從口入，衛生不可不講。做過善事，不記心旁。受人恩惠，永久不忘。遇困難不彷惶，處順境不誇張。做好事莫宣揚，做壞事莫隱藏。人家急難相援助，人家成功要讚揚。口角訴訟，兩敗俱傷。大家規勸，互相幫忙。引誘親友做壞串，欺人欺己昧天良。甘心賣國做漢奸，辱祖辱宗害呆房。不論農工商學兵，都做堂堂好兒郎。政府機關去服務，多求進步圖自強。犧牲個人利益為國家，放棄一時安樂為民族。男女老少受軍訓，全體動員拿刀槍。人人都是中國兵，個個都去打東洋。國難己當頭，戰事正緊張。日本鬼子不消滅，中華子孫無福享。有錢快出錢，有力快出力。壯丁去當兵，老人看家鄉。婦女耕田地，兒意上學堂。大家一條心，服從蔣總裁。趕走日本鬼，共賀大勝利。建立新中華，萬歲萬歲萬萬歲。（民國《贛縣新志稿》，第 122-123 頁）這份家訓，不僅提倡新的生活習慣和生活方式，還包含著政治教化和抗日動員的內容，是「新贛南」建設的重要內容和創造，其積極意義值得肯定。

· 蔣經國在贛南巡視時在農家門前
　歇腳（《建設新贛南──青年蔣
　經國解讀》）

· 蔣經國在贛南時所生次子孝武，左力在蘇聯所生長子孝叉（《蔣經國全傳》）

望所在多有，尖刻的指責乃至「惡意的破壞」也不絕於道。

實事求是地說，蔣經國發動和領導進行的「新贛南」建設，取得了重要的成績。在整治社會秩序方面，如前所述，以示眾、罰工來嚴禁煙賭娼乃至槍斃售販吸種鴉片者，轉移社會風氣；用拘禁、罰工罰物和公示等辦法，「毫不留情地打擊」土豪劣紳，改變土豪劣紳惡勢力武斷鄉曲、干政凌人的局面；嚴懲貪贓枉法，禁止向民眾亂派款，即使是他的親信犯規也「忍痛」處死而不寬容，三年中取消三十六種苛捐雜稅，等等，不能不說難能可貴。在社會建設方面，情況雖更複雜一些，其主張在一定程度上也轉化成了建設的成績。據一九四三年底的檢查，全區執行政令的情況為：做到的占百分之五十五，做到一半的百分之三十，完全沒做的百分之十五。從其他方面的記載來看，成績也較明顯：在工業上，時人記載，江西的工廠大多創辦於抗戰時期，「其分佈地區，咸集中於吉、泰、贛一帶，以贛縣最多」[54]。僅據一九四三年一月至一九四四年九月間江西省建設廳核准的工廠登記清單統計，全省已登記工廠總數為七十四廠，其中第四區有二十六廠（大多在贛縣），占百分之三十五[55]。這些工廠，涉及機械、電力、化工、麻織、食品加工、火柴、卷煙、造紙、印刷等行業，有的還很突出，如印刷業，當時大東書局、商務印書館都在

---

54　余行魯：《江西之民營工業》，《經建季刊》（1948年）第六期。

55　《民國三二、三三年江西省政府建設廳工廠登記清單》，《江西近代工礦史資料選編》，第78-82頁。

贛縣設有印刷工廠,「成績卓著」;又如「戰時在贛縣創辦之化學工業,有興業電化廠及利原化工廠,規模較大,生產亦巨,均能自行製造酸鉀燒鹼純鹼等,對供應物資缺乏之西南各省工業,頗有貢獻」[56]。在商業方面,以開辦商店數為例,據一九四〇年調查,贛縣有一千三百一十三家,位列吉安、浮梁之後。到一九四四年十一月調查,贛縣商戶已居全省第一,增至二千三百六十三家,分佈在三十九個行業[57]。可見當時贛南商業發展情況較好。在農民生活方面,據中央農業實驗所有關鄉村物價調查,江西有完整數據的吉安和贛縣二縣,農民所付物價指數一九四〇、一九四一和一九四二年贛縣分別為三百一十、六百六十二和一千八百一十一(以 1936 年為 100),各年較吉安分別低六十七、二百五十一和二百八十九;農民購買力指數一九四一、一九四二年贛縣為一百五十八和一百零二(以 1936 年為 100),各年較吉安高二十八和十二[58]。在興辦中小學和青年培訓上,成績也很可觀。可以說,建設新贛南的活動取得了一定的成效,造成了贛南社會的一些新變化。

因此,贛南當時聲名鵲起,成為抗戰時期青年嚮往和備受讚揚的極少數地區之一。據當時在贛州擔任《正氣日報》總編和主

---

56　徐劭文:《一年來之江西工業》,《工商知識》第 4 卷第 5 期。

57　南昌中國銀行編《江西經濟調查》,1946 年,第 55-57 頁。

58　江西省政府統計處編《江西統計》第 1 卷第 3 期,第 77-80 頁。據《中國近代金融史》(中國金融出版社 1985 年版)第 233 頁記載,抗戰時期後方批售物價指數,以 1937 年為 100,則 1940 到 1942 三年分別為 801、2111 和 6128。

筆的著名戰地記者曹聚仁記載：「那時候，青年人有四個理想世界：延安、南陵（皖南）、龍泉（浙南的小縣，由曉莊派主政）和贛南。」[59]一九四〇年春，到湘贛浙粵桂五省視察的行政院政務處長蔣廷黻及陪同的社會學家吳景超，對贛州留下良好的印象，認為贛縣與衡陽、衢縣、金華、桂林是「相當繁榮」的「戰時都市」[60]。蔣經國一時也頗得中外社會輿論的好評[61]，時任江西省政府主席的熊式輝，從「地方政治改革的新成就」的角度予以評價。而毗鄰的江西第八行政區的瑞金縣，也於一九四〇年秋冬，倣傚著進行所謂「建設新瑞金」的活動。

當然，新贛南建設中也有過於理想，脫離現實的不足。從根本上說，蔣經國建設新贛南的思想和目標，與戰時環境、社會條件尤其是國民黨的體制和統治現實之間，存在著深刻的矛盾。在建設目標和任務上，諸如提出大規模的建設計劃，事實上缺乏必要的條件；要求三年實現「五有」目標，一兩年內掃除文盲，改變傳統生活習慣等等，事實上不可能做到；後一個計劃即五年計

---

59　曹聚仁：《蔣經國傳》，香港創墾出版社 1953 年版，第 30 頁，轉引自盧敦基、周靜《自由報人——曹聚仁傳》，浙江人民出版社 2003 年版，第 193 頁。

60　《蔣廷黻回憶錄》，岳麓書社 2003 年版，第 223 頁。

61　如美國《紐約日報》記者實地採訪後，認為中國人士都一廂情願地高談現代化，」卻只有贛南在真正的推行」，認為「小蔣建立模型，作為新中國未來的範例」（轉引自江南《蔣經國傳》第 82 頁），國民黨高級官員包括蔣介石到贛南考察者不少，讚賞蔣經國整飭吏治，認為其「政績昭著，足樹楷模」（《宋子文復贛縣蔣專員經國電》1943 年10 月 22 日，《蔣經國先生全集》，第 15 冊，第 303 頁注 3）等等。

劃，提出工業現代化、農業工業化等設想，不止懸於書面，實際上只能說無異於夢想。由於過於理想，脫離現實，也就必然出現簡單化的問題，以致於如蔣經國所言，往往一件本意在為民謀利的好事，做的結果，反而變成使民遭殃的壞事，例如建造校舍，「因為求之過急，忙忙的趕造，結果造了不久，就開始倒坍」。在國民黨的根本政治制度、戰爭環境和經濟文化落後的社會條件下，建設新贛南無疑是一件相當艱難的事。事實證明，蔣經國對艱難雖有認識，對現實環境與條件的考慮卻有不足，這也是難以取得更好成效的重要原因。因此，從總體上說，建設新贛南的活動，成績明顯，難能可貴，但終究只是一項因人而來的短期政治實驗。隨著蔣經國一九四五年初的調離，新贛南建設活動也無形告終。

## 第三節 ▶ 日軍的暴行與對贛北淪陷區的統治

### 一　侵贛日軍的暴行

從一九三七年八月開始對南昌實行飛機轟炸，到次年六月直接侵入贛北，直至一九四五年八月中旬投降，日本侵略軍在江西境內，燒殺淫掠毒無所不為，其殘酷暴虐令人髮指，對江西人民犯下了纍纍罪行。

1. 殘殺無辜，滅絕人性。日軍在江西的直接殘殺無辜，始於首先侵入贛北彭澤、湖口、瑞昌、九江一帶之時。一九三八年七月二十日，日軍將湖口縣周璽村一百多村民驅押入一大屋內，用

機槍集體掃射殺光。二十三日,再將周家塢村七十多人集體殺害在村前田中。在湖口棠山一地,慘死於日軍刀槍之下的無辜村民多達五百多人。十月八日,星子縣朱家港村(今溫泉鄉新塘阪村)躲避在山洞的三十八人,因曬衣暴露,被日軍押至三祖庵用機槍掃射,其中死得最慘的蘆善敏,竟被日軍將頭、手、足綁在五棵拉彎的山竹竹梢上,在突然將山竹鬆開後被五體分屍而死。據《九江人民革命史》記載,日軍在贛北地區的掃蕩中,見人就殺,而且進行殺人比賽,以殺人取樂。一九三九年四月的一天,日軍將從星子縣過湖來都昌的四位農民,綁在一張八仙桌的四隻桌腳上,當作炮靶,用迫擊炮轟擊,把人打得血肉橫飛。五月,都昌七角王伯昌村的王升財和王學鎮因缺糧,到左裡買谷,被日軍抓去,強迫他們自己挖坑活埋了自己。左裡蔣家村有兩人被日軍抓去,一人被鐵釘釘在板壁上,日軍用刀剝了他的皮,最後開膛挖心,一個被綁在長凳上肢解分了屍。

　　一九三九年三月,日軍進攻南昌,士兵都接到了「把房子裡的中國人都殺掉的命令」[62],災難隨即降臨到南昌及附近各縣人民頭上。三月二十二日,安義縣五房周村被日軍殺死九十七人。二十四日,蔡村七十二人遭日軍殺死。日軍第一〇一師團、三十四師團、第七獨立旅團先後屯駐南昌,對南昌地區進行了慘無人道的屠殺。慘死在日本憲兵隊(駐中山路原中央銀行大樓)的中

---

62　據戰場繳獲的一本日軍寸兵日記所載,見馮英子《贛江兩岸所見》,《新民晚報》1982 年 9 月 17 日。

國人達三百餘人。南昌縣瓜山被日軍殺害的平民達二千七百餘人，埋人的坑後被稱為「白骨坑」。向塘還有一個「萬人坑」，全是被日軍殺死的無辜者。五月二十八日，日軍竄入羅家集河埠周村，因大肆姦淫燒殺遭到群眾的反抗，日軍竟架起機槍向手無寸鐵的百姓掃射，並四處放火，全村一片焦土，被燒燬房屋八百餘棟，殺死村民一千一百多人，活埋三十多人，五十二戶被殺絕。日軍在南昌地區所施暴行，「手段之惡毒殘酷，方式之卑鄙，與禽獸無異。其殺害無辜的暴行有活埋、火燒、蒸煮、電擊、馬拖、倒懸、犬咬、暴曬、割肉、斷肢、打活靶等種種滅絕人性的手段」[63]。

在中日軍隊對峙拉鋸的高安地區，被日軍殺得血流成河。與高安毗鄰的西山歐陽村遭到屠村，一百三十多個村民包括三十多個小孩，被日軍活活燒死。在高安汪家的團山寺前的一塊大田中，日軍一次用機槍集體射殺六百多人。一九四二年夏浙贛會戰時，由浙江西進和由南昌東進南下的兩路日軍，對贛東進行瘋狂屠殺。事後江西省政府派民政廳長王次甫等實地調查，所見「以上饒、玉山燒殺最慘，貴溪尤烈，景況淒涼，極待善後。敵此次進擾時，口號有曰：『燒殺以助軍威，姦淫以助軍樂，搶劫以助軍食』。其殺人方法有二十六種，臨川文昌橋下，被害者數千

---

63  《南昌市志》，第 5 冊，第 309-310 頁。羅政球、王維元著《劫恨南昌淪陷紀實》（江西人民出版社 1990 年出版）對日軍在南昌地區的暴行有較詳細的記載。

人，崇仁、宜黃一帶，數十里無人煙」[64]，南城、金溪、崇仁、宜黃、南豐、鄱陽、清江等十餘縣「災民多四散逃亡，十室九空」，「災民在三百萬以上」。一九四四年夏和次年春夏，日軍侵入蓮花、萍鄉、遂川、贛州等贛西贛南地區，殘殺無辜一仍其舊，僅在蓮花，即殺死民眾七百四十七人。日軍在江西犯下的血跡斑斑的暴行，真正是罄竹難書！據一九四五年底的粗略調查，死於侵贛日軍之手的江西無辜百姓有三十一萬三千二百四十九人，其中兒童三萬三千九百人、婦女八萬四千三百七十九人，另有被殺傷者十九萬一千二百零一人。

2. 燒燬民居，暴虐狠毒。燒光是日軍「三光」暴行中緊接殺光的一項暴行。戰地記者馮英子一九三九年到高安前線採訪時，記下所見日軍燒殺的現場情景：湘贛公路被日軍占領的地段，沿線南北十里的房子都被燒光。從西山到贛江一帶的村莊，約被燒燬三分之二以上，幾乎一間也沒有了。西山歐陽村全村被日軍一把火燒光，胡家村一百多戶全部被燒光，高安龍潭三百多戶「房子也統統燒光」[65]。高安「縣城兩個部分，盡成為一片廢墟」，到抗戰勝利後人們所見的是「只見蘆葦成林，磚瓦塞途，卻找不出一間比較完整的房屋」[66]。一九四二年夏日軍在贛東地區的大肆燒殺，造成崇仁、宜黃一帶數十里無人煙，南城城內房屋僅剩

---

64　《抗日戰爭時期江西大事月表》，1942 年 2 月 25 日。原件存江西省檔案館。

65　馮英子：《贛汀兩岸所見》，《新民晚報》1982 年 9 月 17 日。

66　鄭仁傑：《戰後的高安》，《江西民國日報》1945 年 12 月 27 日。

下二十六棟，其他全被燒光。臨川郊外，村落房屋全被燒燬。餘干縣城「先後被燒了六次，最後一次燒了兩天一晚。當時餘干縣城一片火海，數十里外可以看到縣城的火焰。沒有來得及逃走的人畜被關在屋內活活燒死」。二都、五都、二十八都等餘干農村也遭燒殺，五都一百多個大小村莊被燒得片瓦不留，一次沒燒完就再燒一次，二十八都先後被燒了五次。由於農村面積大，而日軍人數少，於是日軍便二人或三人一組，分組放火，一個組每進一村，日軍往往是肩背槍枝，手拿蘸了煤油的火把，「村前村後，村左村右，四處放火，直到火勢升起，蔓延開來，無法救滅，才離開這個村到另一個村莊去放火」[67]。其他各縣日軍所過之處，城鄉房屋無不遭受毀燒。全省戰時被日軍燒燬的房屋，竟占戰前房屋總數的百分之十八點一，即有近五分之一的房屋被燒燬，南昌房屋的被毀尤其嚴重，因遭日軍轟炸或焚燒燬損者高達原有房屋總數的百分之七十七點九。

3. 轟炸城市，摧毀工業。全省各地屢屢遭受日軍的侵擾和狂轟濫炸，所造成的直接和間接損失，難以數計。南昌已如上述，其他城市莫不如此。著名文學家許傑一九三九年秋在吉安見到的情景是：「吉安炸得很厲害，我們住的下永叔路一帶，簡直變成整片的瓦礫場。據旅館裡的茶房說，吉安前後被炸八九次，死傷

---

67　洪勳：《日軍侵占餘干的暴行和人民的反抗》，《江西文史資料選輯》
　　第 17 輯，第 181 頁。

人數也在四五千以上。」[68]一九四二年一月十五日，日機對贛州市的轟炸「尤為慘重，陽明路、中正路、天后宮、華興街等處，均成一片焦土，市區精華損失過半，而人民所受生命財產以及時間精神上之損失，更難以數計」[69]。

在城市建築和重要設施慘遭日軍炸燬的同時，江西好不容易建立起來的工業也被日軍摧毀殆盡。如前所述，戰前特別是戰時，國民政府與江西地方為適應戰時需要，創辦了一批工礦企業，基本形成了江西工業經濟的初步基礎和規模。一九四四年冬到次年初，日軍數個師團分別從湘東、粵北侵入贛西、贛南，江西「工業地區，均遭蹂躪」。在日軍的摧毀下，江西公營工廠毀損大半，「尤以贛縣、泰和兩地之損失為最重」，總計達十餘億元，保全者僅剩六個廠[70]；民營工廠數十家「因倉皇撤退，不及遷移，損失更屬不貲」。經此打擊，江西工業基礎「盡付東流」[71]，多年苦心經營換來的難得經濟建設成果，瞬間被日軍毀滅殆盡。日軍對江西近代工業的這次摧殘，是造成近現代江西經濟落後的一個主要原因。

4. 強姦婦女，喪盡天良。所到之處瘋狂地姦淫婦女，是日軍獸行最為充分的展露。無論日軍走到哪裡，哪裡的婦女便要遭

---

68　許傑：《西行兩週日記》（1939 年 9 月 17 日日記），《新文學史料》1978 年第 1 期。
69　民國《贛縣新志稿》，1946 年出版第 19 頁。
70　《江西省行政會議總報告書》，1947 年。
71　陳其祥：《江西之工業》，《經建季刊》第 6 期（1948 年）。

殃。當時人們用一句話來形容日軍的這種暴行，叫做「九十不嫌老，九歲不嫌小」。日軍占領安義後，立即設立了「慰安所」，強迫全縣每保派出一個婦女，三天一換，結果「去時是好端端的一個女人，出來時便須抬回家去」。一九三九年敵軍侵占南昌後，在廣潤門外，將躲藏在關帝廟內的六百餘名婦女日夜輪姦，然後縱火焚燒。「對逃難婦女，老的已有六十多歲，幼的僅有十一二歲，日本兵將她們全部強行押往潮王洲背後的一個村莊裡，強令自己脫去衣褲，然後強姦輪姦，當場奸死十多人……有二百多名沒有逃脫的婦女，關在萬壽宮內，身上被剝得一絲不掛，日本兵一批一批輪流集中姦淫。等到這群婦女被淫得死未死時，獸兵把她們分批縛綁起來，裝在屋裡，用洋油澆屋澆人，然後放火焚燒。」[72]據國民黨中央新聞社的電訊，侵贛日軍對尼姑也不放過：「敵寇在南昌、新建等地，大施獸行，無惡不作……有敵酋一人，率領敵軍十餘人，在距南昌市六十里之崗山附近，強姦玉華觀尼姑，並將寺內一切食物劫掠一空，揚長而去。尼姑痛憤清門受玷，復以生活無著，全寺尼姑十四名，舉火自焚。」[73]日本侵略軍喪盡天良，行同禽獸。他們對婦女的摧殘，或先姦後殺，或輪姦致死，或刀剜陰戶，或掛奶鈴取樂，手段殘忍，無惡不作。據不完全統計，江西僅南昌地區，被日軍強姦的婦女就達

---

72　羅政球、王維元：《劫恨南昌淪陷紀實》，第43頁。

73　《抗日戰爭時期江西大事月表》，1942年2月6日。原件存江西省檔案館。

二萬人以上，受害婦女年幼者僅八歲，年長者七十歲。強姦後再遭屠殺者一點七萬餘名。[74]日軍就是這樣一支曠絕中外古今的最為無恥和野蠻的軍隊。

5. 施放毒氣，傳播細菌。與在中國其他地方一樣，日軍在江西的作戰中，也公然違背國際公約使用了毒氣和細菌。在贛北作戰中，日軍因使用毒氣先是進展順利，後是得以逃脫更大的覆滅。在南昌會戰中，日軍一九三九年三月十七日也曾想利用常規的艦船渡過修水河，無奈遭到中國軍隊的猛烈阻擊，連攻三天無法靠岸。十九日起，遂開始對修水河對岸的中國第七十九、四十九軍陣地實施極猛烈的毒彈轟擊，致使中國軍隊傷亡慘重。二十日傍晚，日軍復「以二百餘門火炮進行了三個小時的火力準備，在十九時二十至三十分的十分鐘裡，以全部砲兵進行化學急襲，共發射毒劑砲彈三千餘發。隨後，由野戰瓦斯隊在十二公里的進攻正面同時施放中型毒劑筒一萬五千個，毒煙越過約三百米寬的修水河，將對岸中國軍隊第一線陣地二公里的縱深完全覆蓋了。日軍戴著防毒面具，於二十三日在虯津強渡成功」[75]。在武寧作戰中，中國軍隊第七十三、第八軍陣地因為遭到日軍飛機、重炮和毒劑彈的猛烈轟擊，將士陣亡及中毒者接近半數，日軍才終於攻占了武寧。進攻南昌中，日軍也是因為在主攻方向上集中了強大的砲兵和化學部隊，使用了大量毒氣武器，才保障其步兵順利

---

74　《南昌市志》，第 5 冊，第 310 頁。
75　步平、高曉燕：《陽光下的罪惡侵華日軍毒氣戰實錄》，第 149 頁。

攻占陣地，迅速直逼南昌。而中國軍隊向占領南昌的日軍反擊時，日軍又一次依靠使用毒劑，而脫出困境。每當攻擊受阻，或無法進展或陷於困境之時，就大量使用毒氣，使中國軍隊失去抵抗力，是日軍在中國境內能夠迅速攻城掠地的一個重要原因。

日軍在作戰中還卑劣地使用細菌武器。據日軍七三一部隊的古都良維一九四九年十二月二十八日在伯力軍事法庭上的供詞，在一九四二年七月浙贛作戰時，他們一百二十名七三一部隊派出參加浙贛作戰的隊伍，南下到達南京、浙贛，這支「到華中去動作的遠征隊所負的最主要任務，是要在玉山城一帶對中國軍隊及和平居民進行細菌軍事破壞工作」，「就是用傷寒菌和副傷寒菌傳染蓄水池、水井、建築物的辦法進行細菌攻擊」。他們連同駐南京的細菌部隊即榮字一四四部隊，在浙西和贛東地區，一面把盛有細菌的瓶子投到水井、沼澤及和平居民住房裡去，一面把細菌傳播到中國戰俘身上：「當時在該地設立有中國戰俘集中營兩處，其中被囚人數總共約為三千人。預備了三千個特製燒餅；燒餅是由遠征隊隊員參加做成的。做好之後經過一定時間，就用藥針把細菌注射到燒餅裡去。在把燒餅傳染細菌之後，就將其送到集中營去，在那裡由懂得中國話的翻譯官春日把這些燒餅分發給中國戰俘。然後把他們全放走，目的是要引起傷寒和副傷寒流行病」[76]。根據參與其事的日軍交代和後來發現的他們的日記，在

---

76　郭成周、廖應昌：《侵華日軍細菌戰紀實——歷史上被隱瞞的篇章》，北京燕山出版社 1997 年版，第 386-387 頁。

八月中旬日軍第十五、二十二師團開始撤退之時，「對廣信、廣豐、玉山用鼠疫菌進行了攻擊」[77]。因此，日軍退走後，立即引起上饒、廣豐、玉山、德興、貴溪、南城、臨川等廣大贛東地區「傳染病極流行，餓斃及因傳染病而死者極多」[78]。據玉山縣一九五七年的衛生工作報告記載：「日寇撤退後的玉山，傳染病到處流行，天天聞哭聲，村村有死人。」[79]細菌病毒對該地區人民的危害，影響至今。

6. 搶劫財物，強徵勞役。日軍「三光」政策中還有一項是搶光。瘋狂搶奪侵占地區的一切物資，而不論這些地區是長期占領區還是短期侵入區，是侵贛日軍的不變的暴行。日軍一九三九年秋侵入高安，不但殺害男女四千三百七十人，擄去三百人，焚燬房屋四萬四千二百多棟，而且劫去稻米十四點六萬擔，豬、牛、馬一千七百頭。[80]日軍侵入贛東，以掃蕩為名，將所占領各縣城與近郊十里之內的民間存糧、衣物、五金、牲畜等，搶掠一空，運往杭州。侵入蓮花，「對凡能吃用的東西，如牲畜、糧食等，搶光搶盡，吃不完帶不走的就糟蹋，或丟進廁所，或拉屎於上面」，蓮花三板橋院背村僅六十四戶，日軍第一次進村時，搶去耕牛四頭、生豬六十頭、母豬和豬仔十五頭、雞六百一十五只、

---

77 《侵華日軍細伯戰紀實歷史上被隱瞞的篇逍》，第 388 頁。

78 《抗日戰爭期間江西大事月表》，1942 年 10 月 5 日，原件存江西省檔案館。

79 吳永明：《太陽旗下的罪惡——侵華日軍上饒細菌戰揭秘》，江西人民出版社 2005 年版，第 96 頁。

80 《抗日戰爭時期江西大事月表》，1939 年 12 月 12 日。

鴨二百九十二只、茶油七百八十八斤；第二次進村時，搶去稻穀三萬多斤，並燒燬油茶子三百多擔、農具六十餘件、衣服五百多件。[81] 日軍侵入贛州，除了針對中美空軍基地，更瞄準著贛州地區所擁有的大量戰略物資——這在日軍的作戰命令中確有明白的指令。

　　日軍在侵入地大量無償地強徵勞役，也達到驚人的程度。僅據峽江縣檔案館所存一份《峽江縣人民被敵征服勞役調查表》記載，一九四五年八月二至七日，日軍撤退路過峽江時，即強徵縣城及附近五個鄉的四千六百二十人為其挑運物資，共用工三萬六千九百六十個。事後逃回者有四千零四人，死亡四百六十四人，失蹤一百二十五人。如此算來，全省被日軍強行徵用的勞役，就是一個天文數字。日軍對被征勞役者的虐待，也是極為殘忍的。蓮花三板橋一位六十歲的老人和一位三十多歲的患病青年，被日軍抓去強迫當挑夫，因挑不動一百多斤的擔子長途跋涉，分別被日軍活活用刀刺死和扁擔打死；洋橋一位五十多歲的農民在日軍強迫他擔東西去茶陵時，因腳痛難走，被擊斃在路上，其家人連屍體都找不到。[82]

　　侵贛日軍的暴行，真正是罄竹難書。正如當年《江西民國日報》所指出：「不但是敵人的飛機大砲，開我國歷史上戰爭未有的先例，就是敵人的姦淫屠殺，也較之歷史上嘉定三屠、揚州十

---

81　劉丹主編《蓮花縣誌》，江西人民出版社 1989 年版，第 264 頁。
82　《蓮花縣誌》，第 264 頁。

日，其殘酷毒害，要超出幾百倍。你看，敵人在占領區域內，對於我們的婦女，姦淫之後，繼以酷刑；對於我們的民眾，奴役之後，繼以屠殺；對於我們的兒童，鞭笞之後，繼以擄掠；對於我們的財產，搶劫之後，繼以焚燬。再者，敵機在我不設防城市，濫肆轟炸，多少無辜生民，死於非命，多少財產房屋，化於灰燼。」[83]這是一種悲憤的控訴。侵贛日軍對江西人民犯下的纍纍血債，已經永久地為歷史所記錄。

## 二　江西偽政權的建立

隨著贛北十四縣市的淪陷，日軍逐步通過組織偽維持會和偽政府的形式，建立起對該地區的統治。

九江是江西最早淪陷於日軍的地區，也是其後日軍占領下的贛北十四縣市偽政權的中心。日軍占領九江後，一九三八年八月一日成立了偽九江縣政府籌備處，由朱文超任處長，還成立了由吳應墀任會長的維持會。次年，偽縣政府、警察局、法院、保安隊、商會等相繼成立。王國瑞任偽縣長，張世難任警察局局長，鴉片煙商羅錦章任商會會長，當時人稱「三巨頭」。日本人以正式官吏及顧問身分，監視偽政府工作，大小事情必須徵得日本官員的同意，才能施行。日軍還蒐羅當地一批兵痞流氓，充當漢奸，建立特工情報系統，其名稱有「憲佐」、「密偵」、「稽查」等，為日軍收集情報，鎮壓抗日活動。

---

83　《本報遷吉復刊辭》，《江西民國日報》1939 年 4 月 5 日。

・南昌淪陷後日軍在中正路上（現勝利路）巡行（江西省檔案館）

　　一九三九年三月二十七日，南昌陷落。四月十五日，日軍在南昌成立「治安維持會」，由胡蕙擔任會長。繼而成立南昌市政府籌備處，以萬熙任處長。南昌與九江偽政權一樣，被劃歸偽湖北省政府管轄。一九四一年七月，偽湖北省政府將南昌市政府籌備處轉升為市政府，以萬熙為市長。次年，偽市長由劉建達繼任（萬、劉均曾留學日本）。偽江西省政府成立後，南昌市由湖北改歸江西管轄。一九四四年七月，偽江西省政府根據日本人的意圖，撤銷南昌市政府，將南昌並歸南昌縣政府管轄。在南昌淪陷期間，日軍先後成立了許多機構，如南昌日軍最高司令部、大日本南昌特務機關（掛牌於西大街「四友學業社」，機關設省財政廳內）、南昌憲兵司令部（在現中國人民銀行南昌支行內）、南

昌市政府指導部、日軍監獄（設民德路現三中對面市一醫院內）以及南昌市警察局、南昌地方檢察院、南昌地方法院等等。這些機構，掌握著生殺予奪大權，對南昌人民實行嚴密的統治。如南昌市政府指導部，由日軍特務機關的中川大郎兼任部長，分設日軍指導員，分別控制著偽市政府的各個部門。[84]

據一九四〇年十月的一個調查，日軍當時「對贛北偽組織不注重上層組織，著重下層組織之發展」。因此，「贛北各地方偽組織之設立，則甚普遍，凡屬軍事政治要點之處，幾無一處無維持會之設立」，「然各地縣以下雖有維持會之設立，而縣與縣間甚至縣以下各地方偽組織間，亦各不相連，並無統一系統之組織。贛北雖亦有若干縣份已成立偽縣府，惟均徒託空名，並無統轄縣以下各區各維持會之實權」，各地偽組織，均須「直接依附於當地敵駐軍及特務機關之指揮」[85]。在尚無上層偽組織的情況下，日軍將在九江、南昌及贛北其他淪陷各縣成立的偽政權，暫時分轄於湖北、安徽偽省政權。

另一方面，儘管贛北占領區地域不大，組建省級偽政權多少有些滑稽，但並不等於日偽沒有這樣的設想。一九四〇年三月汪精衛偽國民政府成立後，即謀在江西設立偽省政權。六月，南京偽政權派王道南任偽國民黨江西省黨員通訊處主任，到九江籌設

---

84 《南昌市志》，第 5 冊，方志出版社 1997 年版，第 136-137 頁。
85 胡市林：《贛北鄂南前線敵後視察報告》，1940 年 10 月 10 日。抄件存江西省檔案館。

江西黨政組織。十一月，王在日軍占領的各市縣建立通訊處後，即向汪偽中央呈文，要求儘早「頒令成立江西省政府以重地方而謀政權統一」[86]。次年二月十五日，汪精衛核準成立偽江西省府，令偽行政院辦理。其後，汪偽政權對此事百般努力，曾謀設立偽江西省政府籌備委員會，並拉一直與汪精衛關係親密的原改組派骨幹、時在江西吉安的蕭淑宇出任偽省主席，但蕭在由吉安準備潛赴南昌時，被國民黨中統特務組織偵知，因無法逃脫而於一九四二年四月二十七日畏罪自殺[87]，成立偽省政權的事情遂被延期。但最後在日軍的支持下，終告辦成。時任偽南京政府參事、偽江西省和平運動促進會主任委員的劉子池在述及這一過程時說：「去年七月今年一月，曾一再苦心設法，冀其促成。至關係方面，雖因歐某盲動，微生阻力，旋因蕭淑宇事件，仍允育

---

86　《偽江西省黨員通訊處關於請早日成立日偽江西省政府的呈》（1940年 11 月 5 日），轉引自陳榮華主編《江西抗日戰爭史》，江西人民出版社 2005 年版，第 195 頁。

87　《中國同民黨江西省執行委員會三十一年一至 9 月＿丁作簡報》，原件存江西省檔案館。該文記載此「破獲漢奸首腦組織」案件：省黨部調查統計室得悉蕭淑宇與汪精衛有聯繫，準備潛赴南昌就任偽江西省政府主席，4 月 2713 正擬將入住吉安大陸飯店的蕭淑宇捕拿，蕭見事機洩漏，當即畏罪自殺。其同謀者除劉競渡逃脫外，秦強、李小珊、鄒啟明、陳小平等均被捕獲究辦。另一說蕭非自殺，而是被中統所殺。但也有人認為，第是國民黨左派，在江西保安司令部政訓處長任上比較開明，為特務所忌。4 月 27 日是為國民黨軍統特務槍殺，「不能排除國民黨內部的派系鬥爭因素」（江西省省志編輯至編《江西近現代人物傳稿》，第 2 輯，第 123-128 頁）。

成。」[88]

　　一九四三年五月十六日，汪偽國民政府任命偽首都警察總監鄧祖禹為江西省長，正式組設偽江西省政府，同時決定：「所有暫屬湖北省管轄之九江、星子、德安、瑞昌、南昌、永修、新建、安義等八縣及南昌市、廬山特別區，暨暫屬安徽省管轄之彭澤、湖口兩縣，均應歸還江西省政府管轄。」[89]六月十九日，偽省政府在九江宣告成立。至此，日偽在江西正式建立起省級偽政權。江西省偽政權雖然所轄區域不大，居民很少，但就其性質而言，它是日軍控制下具有殖民地性質的政權形態，因此，並不為江西人民所認可。

　　到一九四五年八月中旬覆滅為止，江西省偽政權機構和人員如下表[90]：

88　《偽南京政府文官處參串劉子池關於江西省政府成立——事的呈》，
　　1942 年 10 月 20 日。關於成立偽江西省政府的謀劃過程，詳見陳榮華
　　主編《江西抗日戰爭史》，第 195-203 頁。

89　《行政院第 161 次會議錄》（1943 年 5 月 11 日），第二歷史檔案館編
　　《汪偽政府行政院會議錄》，第 19 冊第 121 頁。原由偽湖北高等法院
　　管轄的南昌分院、九江分院，偽湖北高等檢察署管轄的南昌分署、九
　　江分署及看守所、監獄等，也於 7 月下旬劃歸在九江新成立的偽江西
　　高等法院、高等檢察署管轄。

90　劉壽林等編《民國職官年表》，中華書局 1995 年版，第 1118 頁。

· 1943-1945 年偽江西省政府機構及人員一覽表

| 年份 名稱 | 民國三十二年（1943 年） | 民國三十三年（1944 年） | 民國三十四年（1945 年） |
|---|---|---|---|
| 省長 | 鄧祖禹五月六日任，十二月三十日免；高冠吾十二月三十日任 | 高冠吾 | 高冠吾三月三日免 黃自強三月三日任 |
| 政務廳廳長 | 楊志清五月七日任，九月十日免；劉震亞九月十日任 | 劉震亞二月二十三日免；劉云二月二十三日任，十月三十一日免；張孝琳十月三十一日任 | 張孝琳三月二十七日免 孔熙元三月二十七日任 |
| 財政廳廳長 | 燕琦瑄五月七日任 | 燕琦瑄七月八日免 | 陶思澄三月七日任 傅振邦三月二十七日任 |
| 教育廳廳長 | 趙寶芝五月七日任 | 趙寶芝 | 趙寶芝譚希呂 |
| 建設廳廳長 | 周樂山五月七日任，9 月十日免；周貫虹九月十日任 | 周貫虹 | 周貫虹三月二十七日免 王國一三月二十七日任 |

| 年份 名稱 | 民國三十二年（1943 年） | 民國三十三年（1944 年） | 民國三十四年（1945 年） |
|---|---|---|---|
| 警務處處長 | 陸榮籛五月七日任 | 陸榮籛二月二十三日免<br>朱毅二月二十三日任 | 朱毅三月二十七日免<br>王鐵梁三月二十七日任 |
| 經濟局局長 | | 鄧贊卿二月二十三日任 | 鄧贊卿 |
| 保安處處長 | | 蕭敷誠三月二十四日任 | 蕭敷誠四月十四日免 |
| 高等法院院長 | | 楊志清二月十五日兼 | 楊志清 |
| 省會警察局長 | | 袁實五月十二日任 | 袁實 |

　　在組織偽政權的同時，日軍還以編組偽軍作為其「以華制華」的另一種手段。日軍在江西的兵力，以一九三九年為最多，駐有第三十三師團、三十四師團、一〇一師團、一〇六師團及第十四旅團。同年底，因在贛北戰場上受到重創，第一〇一、一〇六師團調回日本。此後贛北常駐日軍約五萬人，其中第三十三師團駐安義、武寧一帶地區，第三十四師團駐南昌地區，獨立第十四旅團（1942 年 4 月 10 日擴編為第六十八師團）駐九江地區。一九四四年初，侵華日軍發動所謂「大陸作戰」，第三十四、六

十八兩師團被調出參戰，贛北日軍防守兵力剩下兩個旅團（第七旅團駐南昌，第八十四旅團駐九江）。兵力不足，也是日本侵略者驅使偽軍的重要原因。

贛北偽軍分為兩個部分。一部分是「正規偽軍」，具體數目尚未見準確資料，一九四〇年底時有兩個師的番號。這部分偽軍多擔任後方防務，陪伴日軍「赴鄉村搶劫姦淫，無所不為」，日軍還驅使他們參加慘殺戰俘及無辜人民，用以轉移人們對日軍的仇恨。另一部分為「保警隊、自警團、治安保衛團等名目、以地方民間槍枝結合所組成之偽軍」，直轄於日軍宣撫班（特務機關），經費來源一半出自日特機關，一半出自地方的籌款和販賣日貨的收入，「此項偽軍平日在鄉里作威作福，橫行一時，使淪陷區人民均恨之刺骨」[91]。偽政權人員和偽軍的附敵，為日本侵略者維持淪陷區統治秩序起了重要作用，他們在日軍指使下，壓制盤剝淪陷區同胞，搜剿抗日情報人員和游擊隊，犯下嚴重的罪行。

日軍對偽政權和偽軍頤指氣使，是一種絕對的統屬關係。這一點，僅從日軍駐武漢地區最高指揮官佐野忠義與偽駐武漢綏靖主任、湖北省長楊揆一，駐九江綏靖主任、江西省長高冠吾所簽署的《關於武漢地區治安肅正之現地協定》，即可概見：首先，這個協定，完全由日軍提出，第二天即要楊、高兩人正式簽印；

91　胡雨林：《贛北鄂南前線敵後視察報告》，1940 年 10 月 10 日。

楊、高「因時間及環境關係，未能事前請示」[92]，即他們在簽署協定前，竟然不敢或不能向南京偽中央匯報請示，便與佐野會同簽字蓋章，簽署後才致電告訴汪精衛。這就是說，連最高的偽政權，也不被日軍的地區指揮官放在眼裡，地方偽政權頭目，更是只有乖乖聽命，不敢表示絲毫意見。其次，協定條文再次明確規定了日軍指揮一切的權力。該協定正文全文如下[93]：

　　一、日本軍各機關與中國關係各機關，須互相保持緊密之聯繫，互相協力，以擔當國民政府行政區域內之治安肅正。

　　為此，日本軍主要擔當關於作戰警備事宜，中國方面主要擔當關於政治工做事宜。更為使日本軍現地兵團之軍事行動，與中國方面現地機關之政治工作，符合一致起見，中國方面關於政治工作之企劃指導，須與關係日本軍現地兵團緊密聯絡之。

　　二、基於前條之趣旨，武漢方面日本軍最高指揮官、各兵團長、各地區警備隊長及各地憲兵隊長，以及准此之部隊長，暫時關於中國方面治安機關之配備，軍事行動等政治肅正上之重要事項，於必要時得有指揮該擔任警備範圍內之中國方面治安機關長官之權。

---

92　《楊揆一、高冠吾致軍委會委員長汪精衛電》，1944 年 8 月 18 日。原件存中國第二歷史檔案館。

93　《關於武漢地區治安肅正之現地協定》，1944 年 8 月 18 日。原件存中國第二歷史檔案館。該協定另附有「諒解事項三款」，內容為對偽軍的補給，日軍指揮偽軍作戰時繳獲的處理，對偽軍、保安隊、警察以及其他武裝團體的訓練。

前項日本軍指揮官之指揮權，暫時規定對於全般。武漢方面中國治安機關，則歸日本軍最高指揮官。關於中國方面正規軍、師、旅長，則歸聯隊長或獨立大隊長以上者。對於省、縣政府保安隊長，省、市、縣警察，則歸當地兵團長、地區警備隊長及憲兵隊長，以及准此之部隊長。

前述日本軍各指揮官，認為必要時，得使其部下為指揮官，指揮認為必要之中國方面部下指揮官。

但此時委任指揮之日本軍指揮官，須將其意趣明示中國方面指揮官。

三、前述各條之趣旨，日本軍及中國方面治安機關，須使與此有關之部下瞭解。

四、本協定除日本軍及中國方面治安機關以外，須嚴守祕密。

還須指出的是，日軍在贛北以外的一些短期占領的地區，也組建過日偽臨時權力組織，對當地人民實行殘酷的管制。例如，從一九四五年二月五日占領贛州，至七月十七日退出的五個月期間，日軍利用漢奸戴鳴九、林吉棠等組織偽復興委員會，任溫學良為贛州鎮偽鎮長，並在水東鄉、水西鄉分設復興會。偽復興會實即偽政權。日軍和偽組織「大肆搜劫民財，開煙賭娼禁，強施奴化教育，淫玩婦女，擄掠殺辱，無所不至，並時出四鄉騷擾，

民不堪命」[94]。

### 三　日軍對贛北淪陷區的統治

在日軍的統治下，贛北淪陷地區的社會、經濟，迅速陷入恐慌、蕭條之中。

據《九江人民革命史》記載，日軍占領九江後，劃定大中路西至西門口、東至八角石、南到城內天主堂、花園飯店（原南湖賓館二部）、北至九華門的一塊地區，為中國人居住和經商地帶；西門口以西至鐵橋，為日本商人居住區；八角石以東為軍事區，中國居民不能在此行走。全市居民無論大小，都要領取日本憲兵隊發放的「安居證」，隨時接受日偽的檢查。日軍從九江城到郊外設有三大關卡，即東門通往姑塘、星子等地公路的卡子，設在現在的國棉三廠附近；南門通往廬山腳下蓮花洞的卡子，設在山川嶺；九華門設有水上卡子。凡經過關卡的中國人，都要核對「安居證」，接受搜查，同時還要向日軍哨兵深深鞠躬行禮，稍不留意即遭毒打。這種情況，在贛北其他地方也大體相同。日偽在占領區基本恢復了保甲組織，人人都必須備辦良民證及通行證，人口變動均須向偽組織及特務機關報告。這些措施，也加劇了抗日遊擊隊和情報人員活動的困難。

嚴密的統治帶來了社會生活的蕭條。據偽中央電訊社記者一九四〇年五月的實地考察，九江昔年十萬燈火，通明燦爛，沿江

94　民國《贛縣新志稿》，1946年印行，第20頁。

都是鬧市，此時則面目都非，路面崎嶇不平，灰沙飛揚，在戰事時期，幾百輛鐵甲車開來開去，水泥路面完全壞了，至今只剩底層的沙石暴露在外面，至今無法修復原狀。大中路中段早先樹立的一座大自鳴鐘，戰時損壞了，便再也不能自鳴了。有資本的商人都跑掉了，剩下若干小商人，不過幾十幾百塊本錢，第一個困難是找房子、修房子，第二個困難是各種貨物無來源，米豆、夏布、紙張、木材、瓷器等所有江西著名的土產，都不能運到九江來，故許多店家無貨供應，僅有的一點存貨又都粗糙不堪，索價甚巨。記者因此判斷：「從這兩項事實上，看出九江市容的蕭條，物質的缺乏」，「夜來市上更顯得寂寞淒涼」[95]。廬山也不例外，據偽廬山公署署長華徇安告訴記者，全山居民「而今剩下二十分之一而已」，外僑留下的只有五十人。

日軍占領南昌期間，南昌市人口是民國時期的最低谷。先是因為轉移和疏散，全市一九三八年人口只剩十二萬六千零二十九人，比一九三七年的二十九萬八千五百七十六人減少過半。繼而到日軍占領南昌的一九三九年，全市人口下降為五萬五千九百零八人，此後三年，雖略有增加，每年僅亦七萬餘人，最多一年的一九四五年，也只有十四萬五千三百四十六人。[96]這就是說，日

95 薛慧子：《鄂贛實地視察記》，偽中央書報發行所 1940 年版，第 34-35、37 頁。
96 《南昌市志》，第 1 冊，方志出版社 1997 年版，第 268 頁。該書記載，抗戰時期南昌市人口數為：1937 年 298576 人，1938 年 126029 人，1939 年 55908 人，1940 年 74696 人，1941 年 76405 人，1942 年 79136 人，1943 年 134000 人，1944 年 134394 人，1945 年 145346

軍統治南昌時期，是南昌一九二六年設市以來人口最少的時期（設市時人口 21 萬餘人）。這也從一個方面說明，在日偽統治下的南昌市，是極為蕭條、極無人氣的。

據記者所見，一九四〇年夏的德安，這個南潯鐵路的要衝，縣城的小小城牆上千瘡百孔，破碎支離，蓬蒿長滿了城門，看上去已如廢墟模樣。南昌城外的萬壽宮，觸目就是斷牆頹垣，鳥糞遍地，幾尊小菩薩斷了臂，折了肱，東跌西倒。西山峰頂，軍衣、彈片、水壺、軍用器具，滿地狼藉。

市面的蕭條，源於日軍為配合「以華制華」方針，以直接掠奪物資和經商貿易等形式，在淪陷區大肆掠奪中國資財，「以戰養戰」，支撐其侵略戰爭。日偽占領贛北期間，成立了專門的物資統制機構，負責各種物資的收集和統制。南潯鐵路及南昌附近的浙贛鐵路，由日軍占領並管理，主要用於軍事運輸，並由日本通運公司經營旅客和貨物運輸。[97]在南昌，日本商人在南昌市開設洋行、公司二十四家，控制了南昌市的經濟命脈，大肆搜括資財物品以供應軍需。[98]《九江人民革命史》記載，日軍占領九江後，大批日本商人蜂擁而入，整個大中路的城外段全部被日商霸占。一些屬於日本財閥的壟斷商業組織，也在九江設立了分支機構，「統制」棉花的有「東棉洋行」，「統制」皮革的有「岩井洋

人。

97　〔日〕淺田喬二等著，袁愈佺譯《1937-1945，日本在中國淪陷區的經濟掠奪》，復旦大學出版社 1997 年版，第 347 頁。

98　《南昌市志》，第 5 冊，第 549 頁。

行」，「統制」其他土產物資的有「三井洋行」、「三菱洋行」，等等，這些大洋行的總機構都在日本本土，其經營多採取「物資交換」的方式，即以高價的工業消費品，交換廉價的中國農產品。日軍將贛北的棉花等農副產品源源不斷地運往日本。日軍對淪陷區人民直接掠奪的另一主要手段，是以等於廢紙的「軍用票」來勒取物資。一九四一年，日軍令偽南昌市政府限期讓每保徵繳稻穀二百石，「每石僅付軍用票四元五角。如在限期內未繳齊者，加倍徵繳」[99]。次年，日軍下令贛北淪陷區每縣徵繳糧食二十萬石，因民眾「痛憤拒絕，敵乃將食鹽統制停止發售，規定須以稻穀一擔易取食鹽一大碗」[100]。手段之惡毒，可見一斑。日軍就是使用如此手段，聚集糧食等大量物資，不僅解決在贛日軍的食用，並且外運支援上海等地日軍，如通過日商洪都公司將大批穀米轉運上海，每月均在一千石以上。對於日軍在贛北地區的掠奪經濟資源，當年國民黨戰地巡視員胡雨林有一個概括：「凡屬農產品均在敵搜括之列。其在淪陷區敵勢力可達到之處，有時以低價之軍用手票收買，有時即連軍用手票亦不給予，徑行劫奪，美其名曰軍用征發。其在接近我游擊區之地區，則不惜重價收買以爭取我方物資。敵對物資掠奪之處理，則由敵若干企業組織專司其事。其收購地點，在贛北以九江為中心，則由九江裝運

---

99　《敵偽在我淪陷區域經濟統制動態》，1941 年 5 月，抄件存江西省檔案館。

100　《敵寇在華之物資戰略》，抄件存江西省檔案館。

赴滬，以換取外匯。其搜括方式，則由敵商人協同特務機關人員假手於偽組織人員為其辦理。總之，敵在贛北對我經濟資源之搜括，以至無所不用其極之程度。」[101]

日軍在贛北占領區還大肆推行奴化教育。當時，九江城區多數居民到外地逃難，兒童就學甚少，僅一所小學、一所中學。日軍派人在學校監視授課情況，向教職員和學生灌輸所謂「中日親善」、「共存共榮」、「大東亞新秩序」等內容，企圖毒害和改變人們的心理。此外，強令中小學把日語列為必修課；在史地課本中，則肆意竄改中國的歷史和疆域。

日軍的殖民統治，對贛北地區的經濟社會造成嚴重的破壞和摧殘，同時給淪陷區的江西人民，帶來了深重的災難。


## 第四節 ▶ 南昌受降與抗戰的勝利

### 一　勝利前夕的贛西、贛南作戰

一九四四年初，世界反法西斯戰爭在各個主要戰場勝利推進，日本帝國主義為解救日益嚴重的困局，孤注一擲，發動規模浩大的豫湘桂作戰（日軍稱「打通大陸交通作戰」，代號「一號作戰」），以便打通平漢鐵路和粵漢鐵路，解除駐湘桂粵贛地區的中美空軍的威脅，挽救在中國戰場的失敗命運。這是日本侵略

101 胡幣林：《贛北鄂南前線敵後視察報告》，1940 年 10 月 10 日。

軍在中國大陸敗亡前的最後一次掙扎，戰火由是再次蔓延到江西。

　　就在豫湘桂作戰進行之中的六月六日，日本大本營關於摧毀遂川、贛州、南雄等中國東南空軍基地的要求，傳達到日軍中國派遣軍。隨後，中國派遣軍將包括攻取遂川、韶關的打通粵漢路南段，獲取沿線鎢、錳、錫、鐵、煤等重要國防物資，列為一號作戰的第三期作戰，排在攻占衡陽、桂林和柳州的第二期作戰之後進行。六月十八日日軍攻占長沙後，為消滅第九戰區部署在湘東贛西的第二十六、五十八、七十二和二十、四十四軍等部，配合其主力南下圍攻衡陽的作戰，以第三、十三、二十七、三十四師團向這一地區進擊。下旬，日軍第三、第十三師團首先分別從醴陵、瀏陽進攻萍鄉，第三十四師團二十一日占湘東鎮、二十三日進入萍鄉城；第三師團由上栗市南下，與之會合。二十六日，在中國軍隊四個軍的圍攻下，日軍退向醴陵。萍鄉遭到日軍的殘酷燒殺。由於日軍並未能解除這一方向上的威脅，七月十七日，日軍再次以第三十四、二十七師團向醴陵、萍鄉方向突進，遭到我第五十八、七十二軍等部猛烈阻擊後，又一次進至萍鄉境內。二十二日，日軍第十一軍發佈命令，「決定殲滅萍鄉附近的重慶軍，繼而向蓮花、茶陵方面突進，圍殲第九戰區軍的主力」[102]，即令第三十四、二十七師團從醴陵——萍鄉——蓮花道路以北以

102 日本防衛廳防衛所戰史室著，天津市政協編譯委員會譯《一號作戰之二：湖南會戰》，上冊，中華書局 1984 年版，第 157 頁。

東和以南以西分別突進，對萍鄉中國守軍五十八軍等部形成包圍。中國軍隊在五陂下、源頭一線陣地頑強阻擊後，退向蓮花方向。二十七日，日軍再次攻占萍鄉縣城。二十九日，日軍從萍鄉方向侵入蓮花，三十四師團三十一日占領蓮花縣城，二十七師團一部駐南村。中國軍隊隨即展開反攻，日軍相繼撤退，八月十日收復萍鄉，十三日收復蓮花。

同年底日軍攻占桂林、柳州後，決定繼續進行第三期作戰，即「預定要打通粵漢鐵路南部廣州——衡陽間和攻占遂川飛機場的行動」。當時，美軍陳納德第十四航空隊第六十八聯隊編成華東機動部隊，以遂川為中心，形成遂川、贛州、大庚（今大余）新城、韶關、建甌機場群，支援第九戰區的作戰，實際上從一九四三年春夏以來即掌握了江西的制空權，不斷對盤踞南昌、九江、南潯路及長江的日軍進行空襲，對日軍構成重大威脅。以岡村寧次為司令官的日軍第六方面軍遂在《打通粵漢線南部作戰計劃大要》中確定，以第二十、二十三兩個軍擔任打通粵漢線南部的任務，「以一有力兵團摧毀遂、贛地區美空軍基地」[103]，搶奪贛州一帶貯藏的相當數量的重要國防資源，即令第二十七師團由茶陵向遂川、贛州進攻，破壞遂川、贛州空軍基地，占領贛州，而後與第四十師團策應，占領大余新城機場；第四十師團由韶關

---

103 日本防衛廳防衛所戰史室著，天津市政協編譯委員會譯《昭和二十（1945）年的中國派遣軍》，第 1 卷第 1 分冊，中華書局 1982 年版，第 12 頁。

進擊南雄，北上與二十七師團會合。抗戰開始以來未直接遇敵的贛南地區，由此面臨日軍的侵入。

　　一九四五年一月十五日，日軍第二十七師團由湖南茶陵向東進犯，在我守軍第五十八軍、第七十二軍的節節抗擊下，進入贛西，十六日在蓮花橋頭到界化壟一線，與第五十八軍發生激戰，十九日再次攻占蓮花縣城。因蓮花幾個月前曾發生惡戰，據日軍記載，縣城「附近到處可以看見去年八月師團作戰時戰死的日本兵的墳墓」[104]。攻占蓮花後，日軍繼續南下，途中為避開美機的空襲，改為夜行軍。二十二日，日軍攻占永新縣城，進迫遂川。二十九日攻擊並破壞遂川機場，三十日占領遂川縣城。二月一日，日軍第二十七師團發動對贛州的進攻。中國軍隊一面派第七十二軍側擊日軍，一面從臨川抽調第一○二師乘汽車緊急增援贛州地區守軍第四十、八十三、一○八師等部。五日，日軍越過章水與守軍在贛州城發生激烈的巷戰，城市受到嚴重破壞。六日，贛州失陷，飛機場被敵占領。隨後，日軍一部繼續南下突進大余。這時，由廣東韶關推進的日軍第四十師團，已於三日占領南雄，進而越過梅關北上，五日占領大余，七日攻占大余新城機場，九日在新城鎮與南下的二十七師團一部會合。當天，中國軍隊第九十師反擊大余，十日攻入城內與敵展開巷戰，終因寡不敵眾而退至郊外與敵相對峙。至月底，日軍完成打通粵漢線南部、攻占遂贛空軍基地的作戰。日軍一度計劃以確保遂贛地區作為對

104　《昭和二十（1945）年的中國派遣軍》，第1卷第1分冊，第39頁。

中國東南沿海方面進行反擊的據點,而要求將這一地區「封住不讓美軍再使用」。此次敵蹤所至,包括蓮花、永新、遂川、贛縣、大余、南康、信豐、定南、龍南、全南等贛西贛南十四縣。贛南政治經濟中心的贛州被敵占領約半年。贛西、贛南舉凡被敵侵犯之處,「受創均極慘烈」[105]。

日軍侵入贛西時,戰時省會泰和立即受到嚴重威脅,被迫緊急搬遷。一九四四年底,省黨政部分機關開始撤往寧都、瑞金、興國。次年一月,省政府主席曹浩森帶領省政府秘書處遷至寧都青塘,省黨部主任委員陳肇英率機關遷往瑞金,形成政府機關駐寧都、黨部機關駐瑞金的局面。「所有在泰和、吉安、贛州等地的機關、銀行、商店、報社(民國日報、力行日報)、劇院以及三青團等單位,大都受戰局影響先後轉移到寧都。連江西唯一的『中正』大學,也由泰和的杏嶺遷到寧都的長勝。」[106]寧都、瑞金成為抗戰末期江西的政治中心。

就在日軍肆虐贛西南、江西省黨政機構南遷之際,日本侵略者在中國人民和世界反法西斯力量的沉重打擊下,已臨近敗亡。一九四五年五月二十八日,日本大本營命令在湖南、廣西和江西地區的日軍「務必迅速撤離」,向華中、華北集結。六月底七月初,侵入贛南、粵北的日軍第二十七師團、第四十師團等,經贛縣沿贛江東西兩岸,路過遂川、萬安、泰和、吉安、峽江、新淦

---

105 《蔡孟豎致南京善後救濟總署代電附件》,1947 年 8 月 8 日。
106 周效之:《勝利的狂歡》,《江西文史資料選輯》第 18 輯,第 138 頁。

（今新幹）、樟樹，向南昌、九江北撤，在湘東的日軍因懼怕中美飛機轟炸不敢走京廣線，也經由贛西宜春、萬載、分宜、新余撤逃。這兩路撤逃的日軍，對沿途各縣再次進行了殘酷的燒殺搶劫。八月十日，日軍分別到達南昌、九江地區。隨即因日本已經宣佈投降，日軍遂就地停止撤退，等候處置。在日軍北撤期間，中美空軍對其進行了猛烈的轟炸，中國軍隊沿途追擊、截擊日軍，相繼收復了贛南、贛西各淪陷縣區。

## 二　抗戰的勝利與南昌、九江的受降

　　一九四五年七月二十六日，中美英三國公佈促令日本投降的波茨坦公告。八月六日和九日，美國先後對日本廣島、長崎投放原子彈。八月八日子夜，蘇聯正式對日宣戰。日本帝國主義的一切夢幻徹底破滅，遂決定接受波茨坦公告，向同盟國投降。

　　八月十日上午，日本政府將《關於接受美、英、中三國共同公告的照會》通過瑞典轉達到中美英三國。日本無條件投降的消息，當晚六時由重慶廣播傳開，重慶市民擁上街頭，徹夜狂歡，盡情慶祝抗日戰爭的偉大勝利。

　　當晚八時二十五分，國民政府關於日本投降的通電傳到寧都，江西臨時省會寧都也立即一片歡騰。八月十一日的《江西民國日報》報導說：「消息傳來，霎時，全城轟動，成千累萬的人群瘋狂地在街頭上狂笑歡呼。朋友見面，緊握雙手，歡笑到說不出話來，甚至熱烈的擁抱，甚至遇見陌生的路人，亦不禁握手擁抱起來，人與人之間，都顯得格外的親密，無法壓抑的感情，都從每人的心靈中流露出來，不論操何職業的人，都一同舞蹈、歡

呼，這贛省政治、軍事、經濟、文化中心，自昨晚八時二十五分起，開始發狂了。」同日，該報發表社論，感嘆「我們以前所未有的熱烈情緒來迎接偉大的『八月十日』，但這個日子曾費了我們多少血汗與苦難的代價！」社論將抗戰的勝利比喻為天亮了，指出「漫長的黑夜終走到了它的盡頭，現在天全亮了。全世界都在歡呼，歡呼正義畢竟壓倒了世界一切的強暴。日寇屈服了，也就是日寇所代表的野蠻主義向中、美、英、蘇高舉的自由民主旗幟屈服了！這是一個早經決定了的結論，歷史是絕對不會開倒車的，凡是企圖將歷史拉向後轉的人，必然要被歷史前進的巨輪所壓碎！」[107]其後，在寧都、瑞金都舉行了大規模的慶祝大會，自由新聞社還與美國新聞處東南分處在寧都舉辦了勝利畫展，展出作戰圖片和戰利品，參觀者人山人海。

八月十五日，日本裕仁天皇正式在廣播中宣佈投降，中國國民政府軍事委員會委員長蔣介石在電台發表《告全國軍民及世界人士書》，正式宣告中國人民抗日戰爭取得偉大的勝利。九月二日，在停泊於日本東京的美國軍艦「密蘇里」號上，隆重舉行了同盟國接受日本投降的儀式。中國政府由此將九月三日確定為抗日戰爭勝利紀念日。九日，中國戰區在南京舉行接受日軍投降的儀式，並分十六個受降區，在全國各地和越南河內分別接受日軍投降。

八月十八日，省政府主席曹浩森按照蔣介石的多個諭令，在

---

107 《天全亮了！》，《江西民國日報》1945 年 8 月 11 日。

寧都召開省政府全體委員會議商議接收事宜。會議決定：1.按照蔣介石關於省會及其他各港埠、交通線、各場站應即從速準備接收的諭令，立即組織接收團，速回南昌接收敵人投降並處置一切。2.派建設廳長胡嘉詔、社會處長黃光斗、保安副司令廖士翹等組成接收團，速赴南昌籌備一切接收事宜。並派部分保安團及省警總隊、水警總隊隨同前往南昌，維持治安，以賴偉英任南昌市警備司令。3.按照蔣介石迅速全力恢復全省交通通信的指令，由建設廳使用中央撥款限期趕辦。4.任命田糧處副處長艾懷瑜代理南昌市市長。[108]與此同時，省黨部也根據國民黨中央的電令，派書記長陳協中和委員尹敬讓、王青華，隨軍至南昌、九江，負責接收偽黨務機關及其所屬文化、宣傳、印刷等機關。下旬，這些人員先期進入南昌、九江，艾懷瑜就任南昌市代市長，分別主持對日偽政務、黨務機關的接收工作。

接受江西境內日軍投降的工作同時展開。八月十八日，蔣介石電令第九戰區司令長官薛岳為受降主官，負責接受南昌、九江地區的日軍投降（該區後被序定為中國戰區第五受降區）。薛岳隨即成立第九戰區南昌前進指揮所，進入南昌。三十一日，薛岳向該地區日軍第十一軍司令官笠原幸雄發出第一號備忘錄，指令其率部向第九戰區投降。同日，又發出第二、第三號備忘錄。三

---

108 《省府委員會決定接收南昌步驟》，《江西民國日報》1945 年 8 月 19 日。

個備忘錄[109]的主要內容是：

1. 關於受降主官和受降機構：薛岳以中國第九戰區司令長官之地位，接收在南昌、九江地區內日軍第十一軍及所配屬陸海空軍與其輔助部隊之投降。在南昌設立第九戰區司令長官前進指揮所，派陸軍第五十八軍軍長魯道源中將兼指揮所主任，負責監視日軍執行一切有關命令。派魯道源為南昌區受降主官，負責接收在南昌、涂家埠地區的日軍投降；陸軍新三軍軍長楊宏光中將為九江區受降主官（該軍不久被裁編，改派第一集團軍總司令孫渡兼任第九戰區司令長官九江前進指揮所主任和九江區受降官），負責接收在永修、德安、星子、瑞昌一帶地區的日軍投降。

2. 關於日軍投降部隊：日軍第十一軍司令官笠原幸雄負責南昌、九江地區日軍投降，為代表投降部隊長。日軍獨立第七步兵旅團在南昌集中繳械；第十一軍司令部及直屬部隊，第十三師團，第五十八師團，獨立混成第二十二旅團、八十四旅團、八十七旅團，均在九江集中繳械[110]。

3. 關於日軍在投降前須遵令事宜：日軍立即停止一切敵對行為；立即各就現在駐地及指定地點靜待命令，不得向「非本司令長官所指定之部隊指揮官」「投降繳械及接洽交出地區與交出任何物資」；本受降區內所有日軍的武器彈藥、航空器、船舶車輛

---

109 詳見《第九戰區南潯區受降經過報告書》，原件藏中國第二歷史檔案館。

110 《九字第二號備忘錄》所定日軍投降部隊與此有不同，此為中國陸軍總司令何應欽9月4日電改定及在贛實際投降的日軍部隊。

及一切交通通信工具、飛行場、碼頭、工廠、倉庫物質，與一切建築物暨軍事設施，以及文獻檔案、情報資料等，應立即派兵看守，不得移動，並絕對保持完好狀態，編列表冊，聽候派員接收；立即將日軍現駐地內一切行政組織（含各項機關、銀行、學校、醫院以及各項組織所經辦或占有之各項工廠、礦場、商號、倉庫、公共事業等）、日軍扶植之偽組織，造具清冊，聽候點收，不得遷移、毀壞和隱匿，「絕對不得」將其「移交非本司令長官所指定之行政官吏或代表人員」；投降前負責維持駐地地方秩序。

備忘錄對日軍的投降及其投降前的行為，做出了詳細的規定。同時，也完全體現了蔣介石排斥中共及其所屬武裝部隊接受日軍投降的精神。

九月二日，南昌前進指揮所命令第五十八軍新十師接管南昌。七日，新十師兩個團進入被日軍占領六年之久的南昌市，駐屯南昌的日軍第七獨立旅團解除武裝，開往昌北牛行車站集中。長期飽受踐踏欺凌的南昌全城「百姓喜淚奪目，奔走相告，聚集在街道上，燃放鞭炮，徹夜不停」[111]。到達南昌的華中受降指導部，立即電令當時在武漢的日軍第十一軍司令官笠原幸雄，立即到南昌報到，接受指示。八日至十二日，華中受降指導部先後召集我軍軍師長、江西省政府官員和日軍高級軍官會議，安排受降和接收等事宜。南昌前進指揮所主任魯道源也於九日到達南昌。

　　九月十四日，第五受降區接受日軍投降典禮在南昌中山路中央銀行大樓舉行。據《南昌市志》記載：「上午九時三十分，第五十八軍軍長魯道源代表第九戰區司令長官薛岳任受降官，端坐大廳中央。兩側依次為五十八軍副軍長梁得奎、軍參謀長魯元、師長肖本元、侯德邦，以及江西省主席曹浩森的代表建設廳長胡嘉詔、新任南昌市市長艾懷瑜等，到會的還有各界代表和中外記者。在嚴肅的氣氛中，日軍代表笠原幸雄雙手捧著投降書，正步走到受降官席前，立正鞠躬，呈上投降書，並作口頭報告。」受降官魯道源莊嚴地在日軍投降書上蓋下印記，接受了日軍的投降，並即席向日軍投降代表發表了訓話。[112]

　　笠原幸雄簽署的日軍投降書的內容為[113]：


　　（一）本官奉上司之命，統率駐南昌九江地區之一切所屬陸軍部隊以及不久集結該地區內之各部隊，並統制海軍部隊，謹向中華民國第九戰區長官薛岳將軍閣下投降。（二）本官當立即遵照中華民國第九戰區司令長官備忘錄九字第一號至第三號規定以及會後之命令實行。（三）解除武裝，俟調集完畢後，著令各地區投降部隊指揮官立即遵照中國各受降主官之規定實施。

　　南昌九江地區投降代表、投降部隊長陸軍中將笠原幸雄（官章）


---

112 《南昌市志》，第 5 冊，第 308-309 頁。
113 轉引自《南昌市志》，第 7 冊，第 390 頁。

·魯道原在南昌接受日軍第十一軍司令官笠原幸雄呈遞投降書（《中國共產黨歷
　史圖志》）

　　昭和二十年九月十四日午十二時零分於中華民國南昌簽字

　　中華民國三十四年九月十四日午十二時零分於中華民國南昌
收到本投降書。

　　中華民國第九戰區司令長官陸軍上將薛岳（魯道源代）

　　儀式結束後，南昌十萬民眾舉行了盛大的歡慶遊行。

　　九月十日，南昌已經成立接收委員會。十五日，被集中在南
昌昌北地區的日軍獨立步兵第七旅團，開始向第五十八軍繳交武
器彈藥、交通通信器材、衛生糧秣等一切軍品。至十月二十二
日，南昌地區接收日軍投降的工作完成。

　　九江地區的接收日軍投降工作，在孫渡主持下從九月十九日
開始進行。各部日軍依次繳械和繳交物資，具體情況為：

獨立混成第八十四旅團九月十九日開始繳械，至九月二十六日接收完畢；

第十三師團十月一日開始繳械，至十月九日接收完畢；

第五十八師團十月十日開始繳械，至十月十三日接收完畢；

第十一軍司令部暨配屬部隊十月十四日開始繳械，至十月十九日接收完畢；

獨立混成第八十七旅團十月十六日開始繳械，至十月十八日接收完畢；

獨立混成第二十二旅團十月十六日開始繳械，至十月十八日接收完畢。

九江日軍的投降至十月十九日全部完成。據《九江人民革命史》記載，在九江投降的日軍有六萬三千餘人；接收的武器裝備有戰馬七千九百餘匹，步槍三萬餘支，輕重機槍二千餘挺，山炮、野炮、海岸炮、守城炮以及各種步兵炮等一千餘門，彈藥器材以及其他軍事物資二百餘庫，各種汽車、摩托車三百餘輛，運輸輪船包括商輪、小汽艇、小駁船、小火輪等一百餘艘。還有工廠、場站、修理所等一百餘所。

日軍投降後，第九戰區分別成立了昌北、九江日俘管理機構，在南昌投降的日軍，被集中到昌北牛行車站（後移吳城）；在九江投降的日軍，被集中到湖口、星子一帶，統一管理。不久之後，在江西的全部日軍和日本僑民，由中國政府派船遣送回國。

就在日軍開始投降後，第九戰區司令長官薛岳致電行政院院長宋子文，報告接收日軍投降部署和該戰區部隊整編情況，稱已

遵令在九月底裁撤三軍八師五縱隊，部隊整編為第四、四十四、五十八、七十二、九十九等五個軍，共十五個師，認為本戰區抗戰軍事復員工作已經完成，請求將第九戰區明令撤銷，以便他在十月底「歸還田間，重度平民生活」[114]。這個報告，反映了抗戰勝利後部分高級軍官對和平時局的期盼和心願。

## 三　江西抗戰的地位與意義

抗日戰爭是中華民族以國共兩黨合作為政治基礎，在抗日民族統一戰線旗幟下進行的民族解放戰爭，是近代以來中國人民反抗外來侵略第一次取得完全勝利的民族解放戰爭。江西境內的中國軍隊和全省人民的抗戰，在全國正面戰場作戰和整個民族抗戰中，發揮了重要的作用，具有重要的地位。

第一，江西正面戰場的作戰，是神聖的抗日民族解放戰爭的重要組成部分。中國軍隊在江西境內，先後進行了贛北、南昌、上高和浙贛四次大規模的會戰，占抗戰時期正面戰場二十二次特大會戰總數的近五分之一。中國軍隊在江西境內的作戰，牢牢堅守住了南昌會戰後形成的戰線，在前線與大後方之間構築起了一道堅實的屏障，阻擋住了日本侵略軍西進的腳步，有效地保衛了西南大後方，也有效地保衛了江西的大片土地。

---

114 《薛岳報告接收日軍投降和改編軍隊均已完畢請撤銷九戰區致行政院長宋子文電》，一九四五年九月二十二日，原件存中國第二歷史檔案館。

第二，在每一次抗日作戰中，江西境內中國軍隊的廣大官兵，在民族大義下慨然奮起，不計生死，前仆後繼，以血肉之軀阻擊了裝備精良和使用毒氣的日本侵略軍，保衛了國家民族的利益，留下了許多氣壯山河的英勇事蹟。他們是中華民族的英雄兒女，必將受到歷史和人民的永久敬仰和紀念。

第三，作為中國抗戰的前線和後方，江西人民在極端艱苦的條件下，堅韌不拔、同仇敵愾、節衣縮食、獻糧出兵，為支援前線部隊的作戰和奪取抗戰的勝利，作出了巨大的犧牲和重要的貢獻。江西人民在奮勇支援前線和努力建設後方兩個方面，都表現出難能可貴的堅忍、奮鬥、自強、自立、創造、犧牲精神。這些精神，是抗日製勝的重要因素。

第四，抗日戰爭對包括江西在內的中國社會和人民產生了重大的影響。戰爭促成了人民的動員和覺醒，提升了人民的民族意識和國家觀念，考驗了國家政權、政黨和各界人民的意志與能力，促進了社會的進步和更新，加速了文化的交流和教育、經濟事業的建設，縮短了古老中國向現代國家轉型和崛起於世界的過程。「殷憂啟聖，多難興邦。」抗日戰爭及其所促成的「各方面均有長足顯著的進步」，成為「中華民族復興的重要樞紐」[115]。

---

115 《抗戰發生後惹外的收穫》，《江西民國日報》1938 年 10 月 21 日。

第八章————

國民黨在江西
統治的結束

抗日戰爭勝利後，中國歷史進入一個重要的轉折時期。國共兩黨在中國向何處去這一關係國家前途和命運的重大問題上，發生尖銳的分歧，兩黨的談判和鬥爭，成為決定戰後政局變化和歷史進程的根本因素。在這一政治格局中，江西處於後方腹地，屬國民黨統治的基本地區。面對戰後社會的百孔千瘡和農工百業的凋敝，江西全省開始展開一定程度的善後救濟與恢復建設工作。國共兩黨和談失敗、國民黨發動全面內戰後，江西也一無例外地被納入「動員戡亂」的戰爭體制，全省行政圍繞這一中心運轉，嚴重影響了地方建設的開展和經濟社會的復興。四年間雖曾三換省政府主席，終無法挽回日益衰敗的頹勢。政權的腐敗、經濟的衰落、社會的失序、學生運動的重新興起、人民武裝和中間力量的活躍，成為這一時期江西政局的重要特徵。在人民解放軍的南下進軍中，國民黨在江西的統治於一九四九年五月隨著省會南昌的解放而告結束。一個時代——中華民國時期，從此在江西成為歷史。

## 第一節 ▶ 戰後社會秩序的恢復與重建

### 一　南昌接收與省政府返昌

抗戰甫一勝利，國民政府立即部署在全國的接收和復員事務。江西淪陷區的接收，是由第九戰區、行政院派出機構和省政府共同負責進行的。在第九戰區南昌前進指揮所接受日軍投降和接收日偽軍事機構的同時，行政院派出的湘鄂贛接收特派員也在

江西設立了辦事處，進行經濟方面的接收。江西省政府受行政院委託，參與對以南昌、九江為中心的贛北淪陷區的接收。

一九四五年八月二十日，省黨政聯席會議召開第三次會議，繼續十八日省政府委員會議的議題，「商討復員及接收要案多件」，同意指派建設廳長胡嘉詔等組成接收團，負責辦理接收及善後事宜；決定立即恢復南昌市政府和廬山管理局，由省政府直屬。會後，胡嘉詔等「率同各廳處派定之接收人員，由寧都間道馳赴南昌」，隨軍前進的艾懷瑜進入南昌，就任南昌市代市長，主持南昌市政的恢復事務（吳仕漢不久任廬山管理局局長）。九月一日，國民黨江西省黨部書記長陳協中等到達南昌，負責接收偽黨務和文化機構。

接收工作從一九四五年八月下旬開始，到次年春大體完畢。江西的接收事務不是很大，但接收過程中也發生了接收大員貪污腐敗的事情。經濟部湘鄂贛接收特派員辦事處駐贛專員於屏在九江拍賣幾座水泥廠、碾米廠、醬油廠，「其賣價還不到標價的百分之三十，得標的都是他自己家裡的人，得標後即轉手出賣，不出一文本錢，坐獲巨億的收入」[1]。另據《九江人民革命史》記載：一九四五年九月起，國民黨軍幾支部隊相繼加入九江的接收。接收的軍用卡車在街上日夜飛馳，大批五金器材、家具、糧食、被服等被盜賣一空。同時大肆掠奪民族工商業。當時被日軍

---

1　何漢文：《大劫收見聞》，全國政協文史委編《文史資料選輯》，第 55 輯，第 28 頁。

侵占掠奪而剩下軀殼的企業只有九江興中紡織廠、九江映盧電燈公司、裕生洋火廠、三菱洋行、美孚亞細亞石油庫等，不過七八家，統由一八三師接管，結果被他們盜賣了全部財產。各路接收大員各顯身手，竭盡全力進行搶劫和掠奪，把原來屬於私有、後被日軍強占，戰後應該歸還私人的一切企業以及抗戰時期逃難到後方去的所有個人的財產，也統統予以「接管」，並肆意以漢奸罪名進行敲詐勒索，而真正的漢奸如王國瑞等卻若無其事，逍遙法外。接收大員為牟取暴利，還在大街廣設銀樓、金號，做走私買賣，非法控制市場金銀貨幣和糧食，造成物價狂漲。一九四六年十一月五日的《型報》揭露：「當時在潯接收機構，包括中央、省方、地方、單位各有一百餘個，重床疊架，弊端叢生，發接收財者，比比皆是。」

由於當時全國各地的接收均受到全社會的指責，被斥為「劫收」，蔣介石在各方壓力下，遂於一九四六年五月，由國民黨中央監察委員會、國民政府監察院和國民參政會三方聯合組織清查團，對各地接收事務進行清查。其中湘鄂贛清查團由八人組成，仇鰲任團長，內分三組分別對三省進行清查。負責清查江西的第三組成員為陳肇英、余楠秋。但「陳肇英根本沒有到組工作，只餘楠秋一人單槍匹馬，以九江為重點清查了一番，結果也只是把經濟部湘鄂贛接收特派員辦事處駐贛接收專員於屏、第九戰區兵站總監部科長周毅查得貪污罪證俱全，加以逮捕，算是打了兩個

蒼蠅」[2]。

　　九月九日，南昌市政府正式辦公。由此開始到十月，曹浩森率省政府機關次第由寧都遷返南昌。在寧都和返南昌後，省政府對戰後復員、恢復社會秩序和施政工作進行了部署。根據國民政府的復員計劃綱要，決定全省六項復員原則，即政治復員，以培養民力、減輕民眾負擔為首要；經濟復員，以擴展交通、加緊復耕荒地為首要；教育復員，以調整學區、重建收復區學校為首要；軍事復員，以整訓團隊、確保地方治安為首要；社會復員，以安定民生、與救濟分署配合辦理為首要；城市復員，以重建戰後之南昌、九江、廬山為首要。為此，制訂了戰後復員辦法。在大約一年的時間裡，集中辦理了一些事情，以恢復和重建社會政治秩序和經濟生活。據《省政府的復員工作報告》所載[3]，這些事情共分民政、財政、建設、教育、保安、地政、衛生、田糧、計政等九大類一〇六小項，其中主要有：（1）恢復淪陷區各級行政機構，有關各縣政府及縣以下各級機構，立即遷返原址辦公，加緊辦理復員善後。（2）清理並健全各級行政組織與人事，恢復各級行政編制，清理核定各縣行政區劃，在到一九四六年八月止的一年中，培訓地方行政人員八百四十三名，調整縣長七十一名（其中撤職、查辦、停職、免職者 20 人，離職候用者 6

---

2　　何漢文：《大劫收見聞》，全國政協文史委編《文史資料選輯》，第 55
　　輯，第 11-12 頁。
3　　詳見江西省政府：《江西省復員工作報告》，1946 年 9 月。原件存中
　　國第二歷史檔案館。

人）。（3）整理保安團隊和警察，維護水陸交通線及重要據點安全，並運用各縣原有自衛武力維持當地治安。（4）舉行戶口清查造冊，編組保甲。（5）辦理抗戰損失調查。（6）調查「奸偽」罪行，「依法處辦」有顯著罪惡者和處理「其他附逆分子」。（7）著手恢復經濟及其他方面的建設。到一九四六年，在中央撥款六億元（江西要求 59 億元[4]）的支持下，江西的「復員工作，略具端倪」。

## 二　對日偽重要案犯的審判

江西人民對漢奸的懲處，早在戰爭結束前就開始了。如贛州，一九四五年七月十七日日軍退出後，即組織了肅奸委員會緝辦漢奸。肅奸委員會先後緝捕了一批漢奸，並將「巨奸」林吉棠、溫學良、鐘瑛等二十三人予以槍斃。[5]

抗戰勝利後，首由軍統局奉命組織肅奸委員會，並在全國設立二十五處肅奸委員會分會，作為處理漢奸的專門機構。一九四五年十一月，國民政府公佈《處理漢奸案件條例》，規定對曾任偽組織簡任職以上公務員或薦任職機關首長、特務、文武公務員侵害他人經人告發者，曾任軍政特務機關工作者，專科以上學校校長、金融實業機關首長、新聞出版宣傳文化社會組織團體重要

---

4　據《江西省復員工作報告》所載：省政府編列全省復員及救濟費概算為 59978537812 元，呈請中央撥款補助，但當時僅奉撥到 6 億元，相差幾達 90%。從這段話看，599 億的數據應是 59 億元之誤。

5　參見《復員聲中話贛州》，《江西民國日報》1945 年 12 月 27 日。

工作者，應屬行檢舉並相應處置。十二月，重新制定並公佈《懲治漢奸條例》，對懲治漢奸及相應量刑作出規定。[6]根據軍事委員會和國民政府懲治漢奸的法令，各地對漢奸進行了檢舉、人民陳訴、政府通緝以及查封、沒收漢奸財產，審判漢奸案件。不少地方還成立了感化院，對盲從人員進行感化教育，「使其重新做人」[7]。江西全省立案偵查的漢奸案件，總計為一千四百五十五件。

江西懲處的最大漢奸是周貫虹。一九四五年十二月三日，經第九戰區司令長官部扣捕的偽江西省黨部主任委員（此前任偽江西省政府建設廳長）周貫虹、偽省黨部書記長鄒克定、偽九江縣長王國瑞、偽江西省治安委員會主席吳應墀等，被從九江押解到南昌，聽候審判[8]。一九四六年五月二日，江西省高級法院完成對漢奸周貫虹等的偵查，將其提起公訴。十五日，經江西省高級法院審訊，判決周貫虹死刑。

這一時期，省高級法院先後審理許多漢奸案件，一大批漢奸受到懲處，偽南昌縣長朱方隅、偽贛州復興委員會主任秘書王理丞等十餘人被判處死刑。根據南京國民政府司法部檔案記載，從抗戰勝利至一九四七年六月，江西全省審處漢奸案件的大體情況為[9]：

6　汪朝光：《從抗戰勝利到內戰爆發前後》，《中華民國史》第三編第五卷，中華書局 2000 年版，第 254-256 頁。

7　《復員和中話贛州》，《江西民國日報》1945 年 12 月 27 日。

8　《周逆貫虹等已押解來省》，《江西民國日報》1945 年 12 月 4 日。

9　《中華民國史檔案資料彙編》第五輯第三編，政治（一），江蘇古籍出版社 1997 年版，第 362-367 頁。表中總計指全國 22 個省市所報數據的總計。

· 江西省司法機關辦理懲治漢奸案件統計表

1. 漢奸案件審判統計

| 地區 | 死刑 | 無期 | 有期 | 罰金 | 緩刑 | 免刑 | 共計 |
|---|---|---|---|---|---|---|---|
| 江西 | 16 | 46 | 487 | 3 | 1 | 553 | |
| 全國總計 | 342 | 847 | 10066 | 11 | 531 | 52 | 11849 |

| 地區 | 無罪 | 免訴 | 不受理 | 管轄錯誤 | 其他 | 共計 | |
|---|---|---|---|---|---|---|---|
| 江西 | 184 | 8 | 16 | 4 | | 212 | |
| 全國總計 | 4564 | 82 | 1071 | 242 | 266 | 6225 | |

2. 漢奸案件偵查統計

| 地區 | 提起公訴 | 不 起 訴 | | | 其他 | 共計 |
|---|---|---|---|---|---|---|
| | | 罪嫌不足 | 行為不罰 | 其他理由 | | |
| 江西 | 938 | 428 | 24 | 65 | | 1455 |
| 全國總計 | 25264 | 13797 | 954 | 3442 | 1131 | 44588 |

3. 漢奸案件再議統計

| 地區 | 駁回再議 | 發回續查 | 其他 | 共計 |
|---|---|---|---|---|
| 江西 | 21 | 2 | 23 | |
| 全國總計 | 422 | 83 | 16 | 521 |

但是，審判漢奸案件的工作，在內戰開始後實際上陷於停頓，未能完成全部工作。一九四九年五月南昌解放後，人民政權還接管、清理了國民黨政權未審結的漢奸案件二百九十三件。[10]

與此同時，國民政府對在中國戰場犯下罪行的日本乙級和丙級戰爭罪犯，進行檢舉和逮捕，從一九四五年八月到一九四七年五月，中國各地共逮捕日本戰犯二千三百五十七名，並相繼在北平、南京、上海、漢口、廣州、太原、徐州、濟南、台北、瀋陽組織十個軍事法庭進行審判（犯有重大罪行的甲級戰犯由同盟國東京國際軍事法庭審處）。國民政府沒有在江西設立軍事法庭，在江西地區犯下戰爭罪行的日本戰犯，是在廣州、南京等軍事法庭受到審判的。其中比較重要的日本戰犯有：

清水喜重，中將，日軍第一一六師團師團長。該犯主要罪行是一九三八年十月率部參加武漢會戰，對平民施行大屠殺。一九三九年三月，參加南昌會戰，放任部隊任意殺害平民，到處強姦搶劫，破壞財物無數。

伊東政喜，中將，曾任第一〇四師團師團長。該犯一九三八年八月率部在星子登陸，八九兩月在星子東西孤嶺作戰中，兩次使用毒氣，致使我軍死傷甚眾。其所用毒氣，為大量之毒煙罐。

安田卿輔，曾任第一〇五師團師團長。該犯一九三九年三月二十五日在贛西葛壽山作戰時，施放毒氣，並肆意殺害平民，破

---

10　《江西省政府關於 9 月份工作報告及 10 月份工作布置》，一九四九年 10 月 14 日。存江西省檔案館。

壞當地財產。[11]

　　平野儀一，一九四〇年三月任侵華日軍獨立混成第十四旅獨立步兵第六十三大隊大隊長，四月十七日率部從九江出發，追殲廬山地區的中國軍隊，沿途燒殺搶掠，無所不為，遭到中國守軍突然阻擊，平野多次組織部隊猛烈衝擊，都被中國守軍打退，死傷慘重。平野儀一驚慌失措，急忙向第十一軍司令官岡村寧次和頂頭上司獨立混成第十四旅團長藤野高英發報求救。岡村寧次、藤野高英忙派三個大隊日軍趕來增援，才協助平野儀一攻下廬山。平野儀一獸性大發，指揮日軍在廬山燒殺搶掠，瘋狂破壞廬山勝景，罪行令人髮指。一九四一年九月率部參加第二次長沙戰役，升任支隊長的平野儀一指揮所部和其他部隊，在該戰役中屠殺中國軍民五點四萬多人，並將被迫投降的中國官兵全部殺死。戰役結束後，平野儀一率殘部撤回九江歸建，在旅團長藤野高英指揮下進行「清鄉」作戰，殘酷推行「三光政策」。一九四二年浙贛戰役中擔任江西方面的水路作戰，配合日本海軍第一遣華艦隊，在鄱陽湖北水路口東岸奇襲登陸，相繼攻占都昌、黃磯街、梅溪嘴，又沿錦江逆流而上。沿途受到中國軍隊頑強狙擊，死傷慘重。平野儀一獸性大發，每攻占一個地方，都命令部屬瘋狂燒殺姦淫，又像強盜一樣公開搶劫，把搶劫來的軍用物資裝船運回

11　《日本重要戰犯名單》（國民黨戰爭罪犯處理委員會 1947 年 7 月公佈），《北京檔案史料》，1990 年第 1、3 期。該史料未載明各戰犯的判決結果。

日本。為此，受到華中派遣軍司令官的通令表彰。在浙贛戰役三個月中，日軍殺害中國軍民二十五萬餘人，其中在江西被害的幾萬人，不少是死於平野支隊的屠刀之下。日本投降後，平野儀一作為日本戰犯被收押在案。一九四七年五月十二日，廣州軍事法庭判處平野死刑，押赴廣州流水橋刑場處決。**12**

## 三　抗戰損失調查與社會凋零狀況

辦理抗戰損失總調查，是抗戰勝利後國民政府在全國部署的一項要務。調查的目的，當時主要是為提供「向日本要求賠償及辦理復員善後救濟之根據」。按照省政府的規劃，全省抗戰損失總調查，在一九四五年九月二十日之前完成準備工作，在十二月二十日之前完成全部調查工作。九月上旬，省政府核定調查經費二百二十二萬元，調派各廳、處高級職員三十人作為調查專員，事先召開了調查講習會，對調查專員進行專門培訓，並印製了大量的調查表格，劃分了調查區域。九月下旬，各調查專員分途出發開始正式調查，到十二月調查告竣並開始初步整理調查表格。一九四六年一月二十日開始第二步整理數據，三月上旬全部完成審核整理，編成《江西省抗戰損失調查總報告》。《總報告》包括了調查辦理經過、統計結果以及各種調查計劃、章則等內容，於四月上旬正式出版。這個過程說明，全省抗戰損失調查工作，在佈置上是比較認真周密的，在調查的程序上也還比較科學。但

12　《被問斬的平野儀一》，http://bookroad.yeah.net。

由於調查的時間太短，調查人員過少，以及戰後環境的艱難，實際調查很難與要求相一致，因此也就存在遺漏和疏忽的問題。

這次調查的結果顯示，抗戰時期，全省八十三縣一市中，先後被日軍占領、竄擾及轟炸者共有七十六縣市（其中被日軍長期占領者 14 縣 1 市），倖免於難者僅有贛東南及贛東北數縣而已。全省人口傷亡五十萬四千四百五十人，其中死亡三十一萬三千二百四十九人（男 193739 人，女 84379 人，兒童 33900 人，不明性別 1231 人），受傷十九萬一千二百零一人，一九四五年全省人口總數比一九三七年減少二百餘萬人；財產損失一兆零七十二億零二百三十三萬四千元，平均每戶均攤損失約為三十五萬七千一百六十元。[13]巨大的戰爭破壞，造成江西社會經濟和人民生活陷入嚴重的困境，呈現極度的凋零狀態：

城市毀損，棲身無房：由於戰時日軍的狂轟濫炸和肆意焚燒，全省城市受損嚴重。因炸、焚燬壞的房屋共有三十八萬二千四百二十九棟，占全省原有房屋總數的百分之十七點五。全省「重要城市」房屋損毀百分之五十以上者達四十二個，其中損毀高達百分之八十至九十者有十個，超過百分之九十的有十八個，連日軍沒有到過的景德鎮也被敵機炸燬房屋百分之五十。這就直

13　江西省政府統計處編印《江西省抗戰損失調查總報告》，1946 年 4 月。另參見《江西省政府三十四年度政績比較表》，1946 年；蔡孟堅：《江西災情報告》，1946 年 8 月。又：財產損失數以 1945 年 9 月的物價為標準計符，這時的物價為 1937 年 6 月物價的 871 倍，故 10072 億元約折合戰前即 1937 年 6 月的物價為 11.5 億元（戶均 410 元）。

接造成了兩大惡果，一是江西城市建設的成就被嚴重摧毀，如「省會所在地南昌市區之建築物亦已拆毀四分之三以上，昔日繁華街衢，率多成為廢墟」，甚至到抗戰結束一年多後的一九四六年十月，還無法收拾這片殘破景象。據離省十二年後回來的程天放說：「看到南昌的情形，有許多的感觸，南昌遭敵寇蹂躪，殘破得很厲害，許多街道，變成了一片瓦礫，人口由三十多萬減至二十多萬，只剩三分之二」[14]。其他各地城區也是「無力修復，斷垣殘壁仍復隨處皆是」。二是居民無處棲身，房荒成為戰後的嚴重生計問題。高安、奉新縣城被毀，若干鄉間甚至片瓦無存，致使「戰後復歸之難民唯有以樹葉搭棚，暫時容身」，而南昌市則是「戰後義民復歸，什九棲身無所，房荒問題嚴重達於極點」。[15]

田園荒蕪，糧食匱乏：江西本為產糧大省，常年有大量餘糧外調出境。主要由於五個方面的原因，造成戰後江西發生糧荒：一是戰亂引起土地拋荒，當時估算，「全省至少有三百萬畝土地荒蕪」[16]，糧食生產因此嚴重萎縮。二是受戰爭環境影響，農民無力投入，致使產量降低，這在日軍占領的地區尤其明顯，例如「日本侵占期間，南昌附近地區水稻產量僅及戰前百分之三

---

14　《黨政聯合紀念週程天放出席講演》，《江西民國日報》1946 年 10 月 8 日。
15　蔡孟堅：《江西災情報告》，1946 年 8 月。原件存中國第二歷史檔案館，抄件存江西省檔案館。
16　《江西救濟分署署長張國燾在上海的談話》，1946 年 1 月 2 日。

十」[17]。產量降低，必然影響到糧食總量和積累的減少。三是戰時日軍在淪陷區和竄擾區大肆搶掠，所到之處「糧食物資被搜括」一空，各縣積穀歷年被日軍搶掠總數達一千一百四十多萬市石之多。四是戰時江西以大量糧食支援東南數省，加以一九四五年又逢蟲旱兩災，致使「民間餘糧無多」，「糧食儲藏已空」[18]。五是抗戰結束後，後方各地難民返遷，糧食需求量激增；鄰省糧價暴漲，江西糧食被趨利者販運出省銷售；中央政府繼續在江西採購餘糧、軍糧，加大了糧食的需求總量。在這些原因的共同作用下，一九四六年春江西發生嚴重的糧食恐慌：「各地糧荒情形如九江縣，據該縣參議會報告，缺糧之戶計達百分之七十以上，因此斷炊而以樹皮草根觀音土等物代食者不下一千名之多，家無粒米全賴玉米糊為食者已達九千三百餘戶，因飢餓而死者亦時有所聞。贛西萍鄉一帶因春荒嚴重，人民相率轉徙乞食，餓死道途者所在皆是。贛南各縣糧食素極缺乏，大部平民多以芋葉薯渣等代飯，聊以果腹。贛東上饒鄉間亦發生民以樹根及觀音土度日之現象，甚至南昌市近郊月前亦發現鄉民有以樹葉充飢者。」[19]一九四五年十二月初，國民政府主席蔣介石以江西「產糧素豐，歷年均有大量糧食運往京滬各地調濟民食」，電令江西省政府以遠低於市價的價格，籌購大米二百萬石以補軍民糧食之需，「不得

---

17　鄭伯彬：《日本侵占區之經濟》，第 37 頁。
18　《江西省政府田賦糧食類施政報告》，1946 年。
19　蔡孟堅：《江西災情報告》，1946 年 8 月。

延誤」。省政府立即大力趕辦，並制定在四十個縣的收購計劃，期在幾個月的時限內完成任務。但截至一九四六年三月，「無論政府如何曉諭勸導，終鮮實效」，省田糧處長程懋型親自下去督催，最終竟因各縣購糧難以收集、期限緊迫而在吉安跳河自殺。到七月，江西才勉強湊足五十萬石交差。[20]江西糧食匱乏到了什麼程度，於此可見一斑。

生產工具缺乏，生產恢復困難：戰爭也使生產工具的緊缺進一步加劇。例如贛江中的船民，戰前擁有大小帆船約二萬五千艘，戰時被日軍炸燬、鑿沉一萬二千艘，戰後遂有半數船民失去了賴以生存的運載、漁獵工具，而商旅水運亦形停頓。作為農民主要生產動力的耕牛，戰時被日軍宰殺二十七萬多頭，約占全省耕牛總數的五分之一，導致戰後農民恢復生產備加困難，一九四六年春耕時「一般貧農因無牛隻使用，率多以人力代替，事倍功半，影響復耕，殊非淺鮮」。此外，河堤因軍事關係或日軍挖掘，「殘破險段決口比比皆是」；交通毀損嚴重，公路、鐵路均遭破壞，等等，這些都使戰後生產的恢復和人民生計的安排，遇到空前的艱難。

疫癘流行，病患相繼：戰時在江西肆虐的鼠疫等烈性傳染病，戰後繼續在一些地方蔓延。南城、黎川、南豐、廣昌、臨川、金溪在一九四六年均再度發生鼠疫，僅黎川、南豐兩縣染疫者一百一十八人，死亡六十八人，疫情且「蔓延贛東各地，疫區

---

20　《江西省政府田賦糧食類施政報告》，1946年。

日益擴大」。霍亂、赤痢、腦膜炎、傷寒、天花等傳染病，也在各地繼續發生，「以今春（指 1946 年春——引者注）之腦膜炎為尤甚，蔓延二十餘縣，患者數百人，死亡亦達一百人。最近時值夏令，霍亂突趨流行，南昌、九江、浮梁、鄱陽、吉安等縣均有發現，勢極猖獗，半個月來，南昌市區已死亡二九九人，其未及就診即告死亡因而無法查明者尚未列入，浮梁據報死亡三百人之多，為禍之烈可見一斑」[21]。傳染病流行的情況如此嚴重，這是日軍戰時施行細菌戰的餘毒，也給戰後的衛生防疫工作提出了巨大的難題。

對於戰爭之後的江西災情和人民所面臨的困境，不少歷史文獻都有記載，這裡不能一一列舉。總的說來，抗戰「勝利後一年來，社會上所充斥的，是躺在街頭巷尾的災民、餓莩和乞丐」[22]。據不完全統計，江西戰後災民多達二百萬人，在湖南、河南之後，位列全國第三。「全省傷病人民約達三百五十萬人」，而「醫藥並極缺乏」，難以醫治。[23]因此，當時目睹慘狀的有關人士，十分悲痛地指出，人民「雖得免死於戰禍之中，實難倖存於復員之後，為狀之慘，言之酸鼻」。日本帝國主義的侵略，給中國人民帶來的慘痛災難，真是罄竹難書。

---

21　蔡孟堅：《江西災情報告》，1946 年 8 月。

22　《工商新聞》1946 年第 3 期，載《江西近代貿易史資料》，江西人民出版社 1987 年版，第 62 頁。

23　《江西救濟分署署長張國燾在上海的談話》，1946 年 1 月 2 日。

## 四　善後救濟與江西救濟分署

戰後行政上還有一件大事，這就是善後救濟。

第二次世界大戰剛一結束，聯合國即在紐約成立善後救濟總署（簡稱「聯總」），國民政府依據國際協定和聯總要求，亦隨之相應建立行政院善後救濟總署（簡稱「行總」），主辦全國善後行政事宜。行總在各省設立分署，負責統一管理、分發聯合國援助的救濟物資，辦理本省善後救濟。聯總在各省份署設立代表處，監管救濟事務。一九四五年十一月十二日，行總江西分署在南昌成立，以張國燾為署長，黃學詩為副署長（1946 年 7 月改組，以蔡孟堅、黃光斗為正副署長），主持辦理全省六十一個戰時受災縣市的救濟業務。江西分署是一個獨立於省政府之外的臨時性行政機構，善後救濟是省政府不能過問的一項臨時行政事務。

分署是一個相當龐大的機構，內設賑務、衛生、儲運、總務四組，秘書、會計、視察、技術、編譯、調配以及專門委員、設計委員等八室，南昌、九江等五處倉庫和儲運站。又按災情劃分全省為十五個災區，組織十五個直屬工作隊（1946 年 7 月後調整為 10 個隊，8 個行政區及南昌、九江各派一隊）。另外還有一些醫療防疫隊、兒童收容所等。全分署工作人員最初為二百多人，到一九四六年時已達九百多人。[24]聯總在江西也設立了代表處。聯總駐江西分署代表處的人員多達三十六人，首席代表為澳

州人鄧肯（Dankan）。

江西分署的業務，分緊急救濟、特種救濟、農業救濟和工業救濟四大類，救濟方式主要為施賑、助賑和工賑，以先救生命，次救生活，再救生產為救濟原則及工作步驟。工作情況大體為：

緊急救濟：主要事務為救濟難民、赤貧和流落人員收容。據統計，從一九四五年十一月到次年八月，總計遣返難民回籍六萬一千一百五十人，南昌、九江兩地安置無處棲身難民三千九百八十三人；按赤貧戶直接救濟食物、衣著者，到一九四六年三月為九十一萬八千三百六十九人；冬季收容流散人員十九萬六千五百五十二人。

特種救濟：主要包括福利團體補助，設立托兒所、牛奶站、平價食堂等。其中，對五十一個縣市的一百六十個救濟院、孤兒所、育嬰安老所、殘疾所等，不同程度地給予了物資或經費的補助。設立營養站三十一個，牛奶站五十八個，主要向兒童、貧苦病人和孕婦分發行總撥發的淡奶、奶粉等營養物品。

衛生救濟：由於戰時全省各地醫院多遭損毀，院舍殘破，醫療器械極度缺乏，各地疫病流行，為害至深。衛生救濟的主要工作是：幫助設立診所、修復醫院、組織防疫隊，撥款、撥物補助修建南昌、萍鄉、高安、安義等市縣醫院、醫專、助產學校等四十所；組建巡迴醫療防疫隊在全省醫療病人十萬五千零四十二人；組織臨時醫防隊和檢疫站，參與防治「疫勢猖獗」的南城、南豐、黎川、金溪、贛東各縣及南昌市的鼠疫，時南昌、九江、吉安、浮梁等地流行甚烈的霍亂，醫療隊、檢疫站為四十八萬八千八百一十六人注射了預防疫苗；會同聯總駐贛辦事處、省政府

衛生處及英美紅十字會代表，向各地分發了聯合國援助的醫藥器材。

農業救濟：行總要求一九四六年春季救濟應首重農業，全部業務費的百分之五十要撥充救濟農業。江西分署的工作，主要為以農貸及農用物資協助春耕，並補助設立了張公渡農村實驗區、高安詳符合作農場，撥發物資補助了南昌等十五市縣的二十九個農場。還以工賑形式，參與了各地農田水利工程和長江、贛江、鄱陽湖等七大河湖堤岸的修復和建設。

工業救濟：以款、物補助形式，參與修復修建了鐵路、公路、橋樑、學校、福利院所等各種公益建築三百七十五處。[25]

江西分署的經費，為管理費、業務費和建築專款三項，均由行總按月撥發。分署掌管的救濟物資，則來自同盟各國的捐送（由行總轉行分配各省）。江西分署從開辦到結束，所接收的物資，總計為三萬四千五百二十二長噸（長噸即英噸，一長噸等於1016 千克）。這些物資，包括了「衣服被縟、飲食補品、醫藥器械、交通工具、生活用品，五花八門，應有盡有」。

在長期戰爭剛剛結束、災情深重而物資極端缺乏的情況下，由聯合國和行政院直接組織的江西善後救濟，對於醫治戰爭創傷、救助急難災民和恢復生產生活，起了較好的作用，其積極意

25　以上見蔡孟豎《行政院善後救濟總署江西分署業務總報告》，1947 年12 月編印，存江西省檔案館；《行政院善後救濟總署江西分署業務紀略》，民國《江西通志稿》，第 32 冊，第 43-69 頁。

義應予以肯定。有親見者回憶，從善後救濟中，「老百姓還是得了一些實惠的」[26]。

另一方面，與巨大的災情相比，善後救濟畢竟是杯水車薪，難解巨困。當時即有省黨部委員指出：對於農村，「雖省府前已商請本省善後救濟分署予以救濟，但因署方尚無一定計劃，故效果頗微。至分配麵粉，對於真正貧農，亦殊不易普遍，故目前高利貸異常流行」[27]。特別是，當事者的貪瀆腐敗，使江西善後救濟「事倍功半」[28]，效用大減。據記載，掌管江西分署重要權力的總務組主任馬士則，與分署運輸大隊長、儲運主任和專門委員四人監守自盜，倒賣物資，貪污巨額資財。馬於一九四七年九月逃走。據皖贛監察使署呈監察院核准案情，否認了馬捲逃款項三十億元等指責，核其貪污獲利以一九四七年七月物價計「當在三四億元」。此案引起社會廣泛關注，「各報社曾將分署弊端如出售煙煤、經營糧食、攬載各貨、瓜分呢絨、私賣舊衣及馬案內幕等，均予以披露」[29]。此外，尚有政府官員層層剋扣、以權多占

---

26 徐浩然、吳識滄：《善後救濟總署江西分署內幕》，《江西文史資料選輯》，第26輯，第169頁。

27 《熊遂報告鄉鎮狀況》，《江西民國日報》1947年4月15日。

28 蔡孟堅：《行政院善後救濟總署江西分署業務總報告》，1947年12月。

29 民國《江西通志稿》，第32冊，第66頁。另據《江西民國日報》報導：馬士則之出走，近又獲一插血緣有分署低級職員多人，以馬利用分署交通工具，大肆吸收煤炭數達四百噸，運赴滬上出售，價值二三十億元，凡分署高級職員，均霑紅利，而獨胼手胝足之低級職員未獲分毫，於是群情憤慨，一致向署方聲討，當時聲勢頗為浩大，罷

物資，以及讓機械家具日蝕雨侵、生鏽損壞之類事情。這些敗政，引起人民側目，有人遂怒將江西分署招牌中的「濟」字改為「己」字，痛斥當局「救己」，聯總對江西發生的這些事情也「十分不滿」**30**。這種情況，也是國民黨腐敗政治的反映。

## 第二節 ▶ 從建設新江西到「動員戡亂」

### 一 王陵基重提「建設新江西」

民族抗戰取得偉大勝利和隨後出現的和平建國的曙光，激發了人們醫治戰爭創傷、建設新家園的熱情。作為這一熱情直接或間接的反映，江西在一九四六年初再次提出「建設新江西」的口號，並得到國民政府主席蔣介石的支持。

一九四六年三月二十六日，國民政府改組江西省政府，由王

---

工者罷工，有組織力者組織整肅委員會，務求達到「有利大家分」之目的，結果且算署方聰明，挽救得法，即對爭吵者各給予數百萬元，小職員群相得利後，立即消擊匪氣。此事乃告了結。唯一波剛平，一波又起，蓋馬之貪污，人所共知，小職員群所得之利，並不是出之於煤炭之蔽利，而是出之於分署之正式公款，會計室無法處理，而此事又揚之署外，無法收拾，蔡署長之智籌團則出之高策，促馬一走了之，蓋馬非贛省人，其走後賬目向何人清符，當然一筆勾銷，不了了之（《馬士則逃之天天，分署巧使百了計》，《江西民國日報》1947 年 10 月 24 日）。

30 徐浩然、吳識滄：《善後救濟總署江西分署內幕》，《江西文史資料選輯》，第 26 輯，第 168 頁。

陵基接替曹浩森出任省主席。王陵基是四川人，一九三八年任第三十集團軍總司令兼第七十二軍軍長，率部出川加入第九戰區，參加湘贛地區的抗日作戰。次年六月升第九戰區副司令長官，仍兼第三十集團軍總司令，其後主要在贛湘鄂邊區進行敵後游擊作戰，無甚戰果。抗戰勝利後撤銷戰區時，轉任駐江西的第七綏靖區司令，下轄兩個集團軍。因自請將其基幹部隊第七十二軍調往長江北岸參加「剿共」，受到蔣介石的嘉許，隨即被委任為江西省主席[31]。

王陵基於四月八日到南昌履任。未掌理過行政事務的他，躊躇滿志，很想在江西有點作為。因此，他一方面，著力在政治上營造不結幫拉派的超脫形象。他抗戰時長期駐防贛北，深知熊式輝在江西勢力極大。因此，他對外聲稱不將川官移植來贛，僅自帶任師尚、宋相成赴任。五月間組建新一任省政府組成人員時，雖然通過行政院免去原主要人員職任，任命蔣志澄、洪軌、邱椿、胡嘉詔、任師尚、程懋型、宋相成、蕭純錦、唐新、熊遂等為省政府委員，以蔣志澄兼民政廳長，洪軌兼財政廳長，邱椿兼教育廳長，胡嘉詔兼建設廳長，任師尚兼秘書長，程懋型兼田賦糧食管理處長，宋相成兼保安副司令，但這些人，也大多不是他

---

31　王陵基（1886-1967 年），號方舟，四川樂山入。王說話聲音洪亮，性格粗昏直爽，不大與人來往，熱天則往往手拿蒲扇，赤膊外出，時人因此說他缺乏省主席的風度，不如熊式輝文雅。1948 年調任四川省主席，次年在川南被詔放軍捕獲。1964 年 12 月 28 日被中華人民共和國最高人民法院特赦釋放，1967 年 3 月 17 日病逝於北京。

的親信，「全省官吏，仍多是熊式輝的舊人，其中如建設廳長胡嘉詔等，情況既熟習，工作上又有辦法，王陵基仍不得不倚靠熊式輝的舊部來推動工作」[32]。他自己亦租居熊式輝在南昌市陽明路六號大院內的洋樓，與時任東北大員的熊式輝保持密切的聯繫。

　　一位署名「逸」的人在給其師、國民大會副秘書長洪蘭友的信函中，談論當時江西政治環境時說：「贛省政治環境，潛伏力較深，勢力較強者，當首推政學系，因熊天翼氏主贛十年，當然培植不少力量，刻下熊氏雖離贛他調，然其部屬仍在贛活動甚力，其最活動者，如建設廳長胡嘉詔，省參議會議長王枕心，省田糧處長熊漱冰，省黨委劉已達及第五區專員馮琦等，胡嘉詔並主持政學系小組織『地方政治研究會』。」據其所言，在江西政治圈中，除了勢力最大的政學系外，尚有大同盟（洪軌、陳協中等）、復興社（郭禮伯、蔡孟堅等）、ＣＣ派（李中襄等）等派系，明爭暗鬥，分合無定。王陵基的策略，傾向政學系，但對其他各方也「取一視同仁之態度」，儘管幾個月後，就與ＣＣ派的李中襄發生激烈的矛盾。李中襄一九四六年七月出任民政廳廳長，不久王、李之間產生「意見不合，而李應付王之態度，亦有欠妥，致一度在省務會議時發生齟齬。彼等（即政學系大同盟等）正好乘此良機，從中挑撥，致使王李二人感情日趨破裂，終

---

32　能正瑞：《王陵基在江西片斷》，《江西文史資料選輯》第 20 輯，第 122-123 頁。

至調李回京，任師尚繼掌民廳」。又由於南京調李中襄的命令發表過遲，王陵基疑為二陳（即陳果夫、陳立夫）從中支持李中襄，遂大發牢騷，對二陳乃至行政院長張群均有不滿[33]。這些派系鬥爭和政治糾紛，對地方政治的影響極大，始終是國民黨執政期間無法消除的頑疾。但王陵基在江西省主席任上，對地方政治力量的籠絡，總的來說是較為成功的。

另一方面，王陵基剛一到任，意圖順應民心，在建設問題上推出新東西。為此，他提出了「建設新江西」的口號、方針和計劃。他宣佈了六項施政方針，即政治上要按照以黨領政、黨員擁護政府的要求，黨政合作，貫徹國民黨的政綱政策，實現主義；用人上要以公字為出發點，慎選才能，重視品德，徹底革除貪污；財政上實行公開，取之於民，用之於民，並以不苛擾人民為原則；教育上實行強迫入學，發展基層教育，注重體育鍛鍊，增進人民健康；建設上，發展農田水利，迅速恢復交通；保安方面，積極整訓團隊，加強反共，「根絕殘匪」，「健全法治精神，使一般人民能夠明法、尊法與守法」[34]。據此，省政府制定了

---

33　逸：《關於江西政治環境、選務等致洪蘭友的信》，1947 年 8 月 21 日。原件存中國第二歷史檔案館。逸為何人尚不清楚，從其信中內容行，有兩點較為肯定：一是他與洪蘭友有師生之誼，二是他對江西高層政治以及國民黨的時政政策情況比較熟悉。

34　王陵基：《在江西省參議會上的報告》，1946 年 4 月 16 日。據王陵基4 月 22 日在省會各界歡迎大會所致答辭，蔣介石在他赴贛前指示數點：（一）以黨領政；（二）各級幹部要加強訓練；（三）民眾組訓及健全警政；（四）切實發展教育；（五）注重體育運動；（六）多做不花錢之實際建設等。為此，他提出兩點政見，一是建設農村，二是恢

《江西省建設綱要》。《綱要》共五十條，內分倫理、社會、政治、經濟、文化五項建設。又依據該綱要，編成五年建設計劃，決定從一九四七年度起，按「分年進度」[35]，次第施行。「建設新江西」的口號和計劃，一定程度上適應了抗戰勝利後人們恢復和建設家園的願望，但這些需要政治改良和很大經費投入的方針和計劃，在當時的內外環境和現實條件下，也是脫離實際、缺乏現實可能性的，在很大程度上無異於空言惑眾、譁眾取寵，許多條目都不可能事實上也確實未能真正付諸實踐。隨著全面內戰的很快爆發，江西立即轉入到反共反人民的所謂「動員戡亂」的內戰軌道，「建設新江西」也就很快隨之煙消雲散。

在行政體制上，王陵基進行了一些制度性的因革。其中，如調整縣等級，因涉及人員編制的變動，屬於比較大的動作。一九四七年三月十七日，省政府發出通令，認為此前實行的縣分三等制度，已不能適合「戰後各種客觀條件變動頗多」的情況，決定「依據各縣實際情形及地方財政狀況」，重新調整確定縣政府編制及各縣等級。這一調整，經第一千八百六十八次和一千八百七十三次省務會議通過，從當年四月一日起施行。調整的主要內容，是進一步分細縣等級，即在原來的每一級內增加一級，將三級制改為六級制。全省八十三縣等級具體劃分為：

---

復城市。參見《省會各界開大會歡迎王主席》，《江西民國日報》1946
年 4 月 23 日。

35　《江西省政府三十六年度政績比較表》，1947 年。

一等一級：鄱陽、萍鄉、上饒、吉安、臨川、贛縣、寧都、浮梁、豐城、九江、南昌。

一等二級：修水、玉山、清江、貴溪、宜春、婺源、樂平、高安、南康。

二等一級：新建、大庾（余）、信豐、萬載、廣豐、瑞金、永豐、泰和、興國、遂川、永新、餘干、南城、鉛山、雩（於）都、奉新、武寧、都昌。

二等二級：南豐、崇仁、龍南、東鄉、彭澤、金溪、新喻（余）、黎川、吉水、上高、宜豐、弋陽、萬安、餘江、萬年、進賢、安福、光澤、永修、湖口。

三等一級：分宜、宜黃、新淦（幹）、樂安、廣昌、蓮花、石城、上猶、會昌、崇義、定南、安遠、尋鄔（烏）、德興、虔南（全南）、靖安、瑞昌、德安、星子、安義。

三等二級：銅鼓、橫峰、峽江、資溪、寧岡。

各等各級縣政府的編制確定為：一等一級縣，職員七十三名，公役十八名；一等二級縣，職員六十二名，公役十六名；二等二級縣，職員五十六名，公役十三名；二等二級縣，職員五十名，公役十一名；三等一級縣，職員四十四名，公役十名；三等二級縣，職員四十一名，公役十名。職員中包括縣長一名；縣政府內設機構，有民政、財政、教育、建設、軍事、社會、地政七科，秘書、會計、統計、合作、戶政五室。[36]這次縣等級的調

36　一九四九年初，省政府對各縣等級和編制又小有變動，縣等級有個別

整，是抗戰中期實施新縣制以來，江西對縣級行政體制的一次較大的調整，也是對抗戰勝利後政府公務人員規模的一次稍有成效的控制。

王陵基在推行「建設新江西」的過程中，也曾做成一點事情。他根據抗戰期間江西糧食調運一空的情況，向南京政府力爭，將戰後蔣介石為準備內戰下達給江西的二百萬石徵糧任務，縮減為五十萬石；在民間五十萬石亦無法完成時，又從省庫中撥補十餘萬石以交差。深受戰爭創傷的江西經濟從一九四六年起，有所復甦。一些工廠遷返南昌並恢復了生產，農業和墾殖事業略有起色，組建了統一的江西省銀行並建立了全省銀行庫網，長江、贛江大堤得到修護，主幹公路和浙贛鐵路、南潯鐵路修復通車，衛生、林業和茶葉運銷等也有恢復，南昌市的人口，由一九四五年的十四萬人增加到了一九四七年的二十六萬人[37]。

一九四六年九月，蔣介石在廬山出席青年團全國代表大會後，到南昌、贛州巡視，這是抗戰勝利後他第一次來江西。九月二十三日，蔣到達南昌。二十四日上午，蔣由王陵基等陪同，召見江西耆老彭程萬、伍毓瑞、歐陽武、龔師曾及黨、團、軍、政人員，巡視南昌及有關機關，在談話中，他肯定並支持「建設新

---

調整，編制則每縣減少 4-5 名職員，增加 5-10 名公役。但因臨近全省斛放，故這次調整已沒有什麼作用。

37　抗戰勝利後南昌市人口情況為：1946 年 218806 人，1947 年 266200 人，1948 年 263014 人，一九四九年 255200 人。載《南昌市志》，第 1 冊，第 268 頁。

的江西」的活動，要求黨、團組織「配合政府與社會，針對地方實際需要，擔負建設新江西之責任」[38]。隨後，在王陵基、蔣經國等陪同下飛往贛州。蔣在贛州先後觀看八境台及陽明書院、兒童新村、正氣中學以及大余西華山、梅關等處。二十六日離贛州返回南京。蔣在南昌和贛州時，均受到市民的熱烈歡迎，據報導說，南昌群眾「歡呼雷動」，「自行轅至南蓮公路盛況非常」，贛州「民眾夾道歡呼，口號聲與掌聲雷動，萬人空巷，盛況非常」[39]。這種情形，一方面是出於當局的組織，另一方面，也是贏得抗戰勝利後，人們對國民黨、蔣介石真實情感的表露。

## 二 「動員戡亂」體制的建立

戰後短期出現的和平局面，因國民黨於一九四六年夏發動內戰而告消失。一九四七年下半年，解放軍三路大軍南下，國民黨的中原防禦體系被突破，武漢、南京和長江防線受到威脅，其他各戰場的解放軍也相繼轉入反攻，國民黨從此在戰略上陷入被動。七月四日，國民政府通過蔣介石提交的《厲行全國總動員，以戡平共匪叛亂，掃除民主障礙，如期實施憲政，貫徹和平建國方針案》，在國統區發起一場氣勢浩大的反共「動員戡亂」運

---

38  《元首昨震離省前符臨省黨部巡視》，《江西民國日報》1946 年 9 月 25 日；《黨政聯合紀念週程天放出席講演》，《江西民國日報》1946 年 10 月 8 日。

39  《蔣主席飛贛縣視察新贛南建設》，《江西民國日報》1946 年 9 月 25 日

動，以圖解除政治、軍事的困厄。

　　七月十九日，江西舉行「省會各界戡亂救國運動大會」，王陵基和省黨部主委陳肇英、省參議會議長王枕心分別講話，決定在全省進行人力、物力和財力總動員，一致起來「消滅共產黨」[40]。九月二日，江西省政府發佈《為防匪戡亂告江西全省人士書》，宣告在江西推行「動員戡亂」運動。十一月中旬，南京政府為聯合華中各省力量，應對中共軍隊劉伯承部南下，在南京召開豫、鄂、湘、贛、皖、蘇六省聯合「剿匪」會議，會議對於劃建綏靖區、加強軍政配合及地方團隊等，都有詳細意見。根據會議精神，江西省政府分析全省形勢，認為中共軍隊進軍到長江北岸，與「本省濱江各縣僅隔一衣帶水，防範稍有不周，即有越江而南之虞」；江西四境山峰重疊，贛鄂、贛粵、贛閩、贛皖邊境中共領導的人民武裝力量活動頻繁，「竄擾不已」；中共地下組織在省內「如有水銀瀉地，無孔不入」。因此，江西形勢也是「危機四伏，隱患重重」，「加強剿匪工作準備，實為本省當前刻不容緩之圖」[41]。國民黨當局的這種分析，既反映了江西當時面對的基本形勢，也反映了江西當局在一九四七年冬中國革命勝利進展面前的憂慮、惶急心態。在此心態下，省政府連續制定、頒佈《江西省動員戡亂實施辦法大綱》、《江西省動員戡亂時期施

---

40　《響應戡亂救國運動，省會昨舉行大會》，《江西民國日報》1947 年 7 月 20 日。

41　《江西省動員戡亂實施辦法大綱》，1947 年 11 月。

政準則》、《剿匪會報組織規程》等十多個法令[42]。舉凡民眾自衛隊之組訓、保甲戶口之嚴密編組、城垣碉堡之修築、軍糈之集運、縣鄉道路之修築、船舶汽車之管制等等，無不詳為規劃，釐定專章。這些法令的頒佈和實施，使全省政治、社會生活完全轉入了「動員戡亂」的准軍事體制。

江西省的「動員戡亂」工作，在統轄上，被劃歸華中「綏靖」體系，由國防部九江指揮部統一指揮。九江指揮部是在一九四七年十一月南京六省「剿匪」會議後，國民政府為應對進入大別山區的中共軍隊劉伯承部的軍事壓力而組建的，由國防部部長白崇禧任指揮，「坐鎮九江，指揮華中軍事，並指導鄂、豫、皖、贛、湘五省政務」[43]。白崇禧在九江設立指揮部後，在九江坐鎮的時間並不多，不久即將指揮部移到武漢（隨後改稱華中剿匪總指揮部，簡稱華中「剿總」）。江西全省「動員戡亂」事務的主要內容有：

1. 設立專門機構，確定施政準則。江西主要設立兩個機構，一是「剿匪會報」，為全省「動員戡亂」的主要領導機構，由省

---

42　其餘法令是：《江西省動員戡亂期間嚴密編查保甲戶口辦法》、《各縣市民眾自衛隊組訓實施辦法》、《剿匪會報各組工作要點》、《各縣市剿匪會報組織規程》、《動員戡亂期間管制船舶辦法》、《動員戡亂期間管制汽車辦法》、《田糧督征要點》、《三十六年度軍糧運集計劃》等。12 月，又公佈了《江西省戡亂時期徵用民工辦法》，規定 18 至 50 歲的男子均得征工服役。

43　《行政院三十六年度重大行政措施檢討報告》（1948 年 2 月），《中華民國史檔案資料彙編》第五輯第三編，政治（一），江蘇古籍出版社 1997 年版，第 209 頁。

主席主持，黨政軍和參議會負責人共同組成。初期參加人員主要有王陵基，省黨部主任委員陳肇英，省參議會議長王枕心，駐省第十集團軍總司令歐震，省保安副司令曾戛初，省警察總隊長張樹春，省政府秘書長及各廳廳長等。「剿匪會報」下轄政治、軍事、經濟等各常設組，定期召開會議，「規劃指導全省剿匪事宜」[44]。二是「戡亂建國動員委員會」。按照一九四七年十一月二十日行政院關於各省（市）、縣成立「戡亂建國動員委員會」的密令，十二月成立以省參議會議長王枕心為主任委員的「江西省戡亂建國動員委員會」（以民意機關即參議會議長為主持人是行政院的統一規定），該委員會任務為六項，即加強民眾組訓與地方自衛武力；發動地方人力、財力、物力從事戡亂建國；鼓勵人民從軍；溝通軍民關係，加強軍政配合；慰勞國軍，救濟難民；推行綏靖政策。[45]其後，全省各市縣均按省政府、省黨部下發的縣市組織規程，組建了這兩個專門機構。

與此同時，《江西省動員戡亂時期施政準則》也隨之出台。「準則」確定了全省在「動員戡亂」時期施政的基本方針和指導原則，宣稱以「安定社會，改善民生，促進民主，以立自衛、自足、自治之基礎，實現三民主義之建國目標」為施政總方向，「將工作重點置於自衛之上」，集中全省人力、財力、物力，直

---

44　《江西省動員戡亂實施辦法大綱》，1947 年 11 月。

45　《行政院令》，（卅六）四防字第 47970 號，1947 年 11 月 20 日，密速。原件存中國第二歷史檔案館。

接或間接用於省防建設與國防建設。

2. 召集大會，製造聲勢及決定提案。早在國民黨中央決定實施動員體制時，江西省黨部「為使全省民眾作進一步之擁護動員戡亂命令，與徹底奉行起見」，即分別電令全省各直轄黨部策動當地民眾團體及民意機關，於一九四七年七月二十日同時舉行「戡亂救國運動大會」。南昌市的大會於同月十九日在體育場舉行，「計到一萬九千八百餘人，情緒異常熱烈」。一九四七年十二月十九至二十二日，江西省黨部為貫徹七省一市綏靖會議精神，會同省參議會召開有各機關團體負責人和各縣市黨部書記長參加的戡亂會議，討論有關組訓、戡亂經費、自衛武器、民政、糧賦、治安、兵役、交通通訊及其他提案達九十七件，並通過了《中國國民黨江西省動員戡亂工作實施要點》。省黨部還組織綏靖區工作團分赴鄰近湘鄂邊境的十個縣，進行動員督查，各縣亦照《江西省各縣戡亂工作隊組織暫行辦法》，組建工作隊加強督導。[46]

---

46　《中國國民黨江西省執行委員會致中央組織部長陳立夫屯》（卅七）組團字第 1354 號，1948 年 2 月 21 日。原件存二檔館。這種大會往往包含著許多內容，如 1947 年 11 月 9 日，南昌市召升「剿匪戡亂動員大會」，市政府提出「八大治安綱要」，作為配合全省推行戡亂動員的措施。這八項綱要是：（1）組訓國民兵隊，設立 1 個總隊、14 個大隊、113 個中隊、2190 個班，從全市 18 至 45 歲的男子中，第一批先行徵調 11000 人，在 2 個月內完成組訓。（2）構築城防工事，建築 6 個核心碉堡、14 個基礎碉堡，修理平安碉堡及部分防禦工事，經費 26 萬元，由市民有錢出錢、有力出力解決。（3）實行保甲連坐法。（4）加強消防救護設備，以解決「最近本市火替頻傳」、消防設備缺

3. 整訓、加強保安部隊。抗戰勝利時，江西省有保安團隊計十四個團又四個大隊。一九四六年六月，整編為八個保安總隊、一個獨立大隊；同年十一月再整編為六個總隊、二個大隊。一九四七年七月，成立江西省警保處，裁撤省保安司令部。為了全力推行「動員戡亂」，省政府從一九四八年年初開始，對保安團隊進行整訓和擴編。二月，恢復設立江西省保安司令部，並增編三個保安團；成立三個保安旅司令部，分別指揮九個保安團。保安團隊的槍械彈藥同時得到大力補充。這樣，省政府便按正規軍的編制，建立了一支擁有一萬六千餘人的常備武裝力量。各縣市的地方武裝也均有加強。

　　4. 加強省防建設。主要是制定省防計劃，建立全省情報網蒐集軍事情報，劃定邊區各縣為戒嚴縣份，構築省防工事。構築工

乏的問題。（5）調整日常生活必需品。當時南昌日常生活必需品嚴重不足，全市 27 萬人口，總計每月需要糧食 7 萬餘石，但庫存僅 1 萬多石；需要食油 3000 擔，但庫存僅 1500 擔；木柴 1800 萬市斤，但僅存 600 萬斤，只有食鹽可供一年之需。（6）建立情報網。（7）實行設哨盤查。（8）運用動員懲治條例。按照「剿匪戡亂，人民必須出錢出力」的原則，規定「凡徵工不到，徵額不繳而規避或反抗者，均用動員法懲處」。（《各公法團體舉行剿匪戡亂大會，市府訂定八大治安綱要》，《江西民國日報》1947 年 11 月 10 日）南昌市當時換了新市長，新市長想抓一下市政建設，但因經費困乏而無可奈何。如他打算修理中正大橋，提出了改建鋼筋水泥橋面、橋頭改用洋松、僅就已破壞地方略加修補 3 種方案，最後終因無力籌集經費，「僅照第三項計劃施行」，亦即略事修補而已。（《省黨部總理紀念週唐新報告市政建設》，《江西民國日報》1947 年 11 月 11 日）這種情況，説明當時南昌市的經濟已經到了相當拮据的程度，但還是不能將有限的經費用到建設上。

事重點以「防拒奸匪進犯省境為目的」[47]，首先構築贛北地區的江防工事；其次構築省防要地南昌、吉安、贛州、上饒、宜春、南城等地的城防工事；再次構築省境內各交通要線工事。工事種類有城牆、保安寨、碉堡群和碉堡鐵絲網等。

此外，尚有根據國民政府《後方共產黨之處置辦法》，嚴厲整肅中共在江西的地下組織，抓捕、殺害共產黨人和愛國人士，舉行由各報社負責人參加的宣傳會報，在省政府、省黨部人員主持下加強反共宣傳；嚴密保甲組織，清查戶口，厲行人口異動登記；嚴密登記、管制車輛船舶，並隨時徵集調用；修築城鄉道路，以利軍運；加強徵兵、徵糧、徵款，補充軍政費用，等等。

江西省政府、省黨部在江西建立的「動員戡亂」體制，是一種以反共為中心的准軍事動員體制，其目的是為了對抗靠近長江北岸的解放軍南下江西。它將全省人力、財力和物力等一切資源，集中投入到這種被名為「自衛」的准軍事動員中，同時對人民大眾實行嚴密的監視和控制。它的實施，不僅很快使建設事業陷入停頓，宣告了所謂「建設新江西」活動的結束，而且表明人民大眾再次失去了言論和行動的自由，國民黨的獨裁反動統治，由此走向頂點。

## 三　江西國民黨七代會的召開與黨團合併

一九四六年十二月五日，中國國民黨江西省第七次代表大會

---

47　《江西省政府三十七年下半年度工作計劃》，1948年。

在南昌召開。這次大會，離一九四四年五月召開的全省第六次代表大會，不過兩年半的時間。所以在如此短的時間內再開大會，最主要的原因，是國民黨為了應對準備結束訓政、開始憲政的政治形勢，在各地部署對國大代表、立法委員選舉等政治資源的爭奪。因此，大會的四個主要內容是：結束訓政，實施憲政；鞏固統一，解除一切非法武裝；加強民生主義的建設；革新黨務。

出席這次大會的代表有一百八十七人，代表江西全省十二萬六千六百五十九名國民黨黨員（1946 年底）。省黨部主委陳肇英主持大會，省執行委員胡運鴻作黨務工作報告，監察委員匡正宇作監察報告，省政府委員胡嘉詔作政府施政報告。大會收集並審查了二百零二件提案，涉及黨務、政治、經濟、文化、軍事等各方面的內容。大會對兩年來省黨部在組織訓練、宣傳、人事、文化活動、婦女運動和監察方面的工作，進行總結與檢討，認為第六屆省黨部兩年來，「以很少的錢做了不少的新事業」，本省黨員「被除籍或被司法審判的是很少很少」。會議也認為，全省黨員「與本省人口總數比較殊覺太少，農工婦女黨員，數量更不廣泛，各區黨分部仍只有形式，且偏重城市。在活動上，黨團觀念，亦不見高，各社會服務處，服務意義甚微，多有營利色彩」。宣傳方面，也有不足。[48]大會稱實施憲政是這「歷史大轉折時代」的「空前的創舉」，「本黨應在工作競賽當中爭取生存

---

48　《七全大會第一次會黨務政治總報告》，《江西民國日報》1946 年 12 月 7 日。

與發展」，因此要求全省黨員「必須增進學能修養，加強奮鬥力量，從工作博取民眾的信仰，從行動感動人民的擁戴」，絕對剷除一切因循苟且、僥倖圖存的思想，使國民黨立於不敗之基。[49] 會議還提出，農民、工人是國民黨的基礎，要廣泛徵收農民、工人入黨，並選舉「真正的農人工人來負實際的黨務領導工作」。這次大會的內容，反映了在國民黨中央標舉憲政旗幟、加緊控制國家政治資源和社會資源的形勢下，江西省黨部的基本思考與應對策略。

大會的選舉頗有意思。會議在每個代表可書面提名二個候選人及代表自己報名競選的基礎上，形成了四十八名執行委員、三十八名監察委員的候選名單。經大會選舉，以得票列前者選出二十一名執行委員、十三名監察委員（均未分出候補委員，但前者5人、後者3人以「得票次多」即靠後加以區分），報中央核准。一九四七年二月，國民黨中常會第五十三次會議按甲級列編核定，批准陳肇英等十七人為執行委員、劉宜廷等七人為候補執行委員，匡正宇等九人為監察委員、陳穎昆等三人為候補監察委員，與代表大會的選舉名單相比，執行委員多了三人，監察委員少了一人，這種情況，說明當時國民黨的組織程序具有相當大的隨意性，即便是在高層也很不嚴密。

省七次代表大會開後不久，又接著進行黨團合併。

---

49　《檢討過去，策勵將來——陳主委七全大會開器詞》，《江西民國日報》1946 年 12 月 7 日。

一九四七年九月，國民黨中央決定各省市國民黨和三青團組織立即進行合併。合併後的省黨部內，設置正副主任委員、正副書記長，主委以省黨部現任主委為正，省支團部幹事長為副；書記長以省黨部現任書記長為正，支團部書記為副。隨後，經國民黨中常會第八十五次常會決議，陳肇英為黨團合併後的國民黨江西省執行委員會主委，詹鈍鑑為副主委，陳際唐為書記長，李德廉為副書記長；同時任命陳肇英等九人為委員，組成江西省黨團統一委員會，負責辦理黨團合併事宜。[50]派出中央委員許孝炎到江西，指導合併事務。

十月十三日上午，許孝炎召集省黨部執、監委員，支團部幹事、監察，及黨、團部組長以上人員座談，講述黨團合併進行程序及實施法令，下午，舉行黨團統一委員會談話會，交換人事組織等方面的意見。江西的黨團合併工作，開始進入實質性的運作。

十月十五日，江西省黨團統一委員會在豫章公園江西省黨部舉行第一次會議。會議決定，省黨團組織統一在十八日完成。這次會議，還確定了各縣市黨團統一委員會名單，推定薛秋泉等七人負責草擬《江西省動員戡亂實施辦法》。十八日上午，江西省黨團合併儀式在省黨部舉行。先由江西三青團支團部人員在支團部舉行升、降團旗儀式後，赴省黨部參加合併儀式，繼而省黨團

---

50　《黨團 10 月合併，省黨部設正副主委》，《中常會議決定省黨團統一委員人選》，分見《江西民國日報》1947 年 9 月 21 日、10 月 4 日。

部人員相向列隊，舉行升旗禮，相互行一鞠躬禮，禮畢齊至禮堂舉行合併大會，由省黨部主委陳肇英、中央指導員許孝炎、監委陳宗瑩等致詞。江西省黨團合併至此完成。[51]

　　國民黨這時進行黨團合併，是有深刻的原因的。許孝炎在江西省黨團合併大會致詞中，談到了兩個重要的原因，一是為了反共，他說，我們的敵人，不是軍閥，不是封建勢力，而是共黨。共黨有主義思想，有武裝力量，其組織、宣傳、鬥爭、技術天天在求進步，因此我們決不可等閒視之，要在這方面做得比他們好，比他們強，否則僅有軍事成就是不足恃的。二是著眼於改變黨不務實的狀況，加強黨的力量。他指出：「吾人檢討過去黨的工作，深以未能務實為憾。自民國十七年開始訓政以來，迄未能完全達成理想……今日政治之不上軌道，經濟之日趨艱苦，馴至民窮財盡，農村破產，使共黨有潛滋暗長的機會，都是吾人工作不切實際所致」，「總裁在四中全會時，曾沉痛的說過，軍事政治什麼問題，我都不擔心，只有黨才是我最擔心的問題。吾人深切的感到，假定今後黨務工作還是空空洞洞，若有若無，真是危險之至」[52]。此外，當時在三青團與國民黨之間，存在著尖銳的矛盾，被腐敗、空談折騰得威信掃地的國民黨，受到還很有些銳氣的三青團的嚴厲攻擊，黨團合併也有解決這一實際問題的深

---

51　《黨團統一組織，支團部正式併入省黨部》，《江西民國日報》1947年10月19日。

52　《黨團統一組織，支團部正式併入省黨部》，《江西民國日報》1947年10月19日。

意。這一點，在許孝炎的公開講話中沒有提及。

繼省一級組織合併後，各縣市黨團組織的合併，也相繼在十一月間完成。

## 第三節 ▶ 學生運動、人民武裝和中間力量的興起

### 一 南昌愛國學生運動的復起

一九四六年六月，南京國民政府在美國的援助下，中斷和平進程，發動反共內戰，強烈地刺激了渴求和平與建設的中國人民。南京政府為取得美援而與美國簽訂出賣權益的政治、經濟協定，以及美軍在華沒有節制的橫行霸道行為，也引起全國人民的極大公憤。因此，從一九四六年下半年起，一場以愛國學生為主體的愛國民主運動，在全國各地興起，並逐步在國民黨統治區域形成反美反蔣的第二條戰線。

江西學生的愛國民主運動，是從聲援北京學生的反美愛國行動開始的。一九四六年十二月二十四日，美軍士兵強姦北京大學學生沈崇，引發了北京學生的反美學潮。幾天後，京滬爆發反美抗暴大遊行的消息傳到南昌，南昌大中學校學生群情激憤，中正大學女生當即在望城崗校園內舉行「晨呼遊行」，一些進步學生隨即發起到南昌市內抗議遊行的全校簽名活動。南昌豫章中學學生余文容獲悉此情後，分別聯絡本校、南昌女中、省立工專、心

遠中學等校學生自治會予以響應，「擴大行動」[53]。三十一日，中正大學、豫章中學等校千餘名學生在陳潘旭等帶領下，衝破學校阻力，在南昌市區主要街道舉行反美抗暴遊行。遊行學生高呼「美國佬滾出去」等口號，得到市民支持，擠滿街頭的市民「有的熱烈鼓掌表示支持，有的乾脆加入遊行隊伍，結果隊伍越來越長，抗議的聲勢越來越大」[54]。江西輿論界也對學生遊行給予支持，「咸以美軍暴行必須制止，否則恐影響國家聲譽」，連遊行隊伍遇到的兩個美國人（一牧師一士兵），對此也表示理解。[55]這次遊行行動，打破了五四運動以後江西學生運動長期沉寂的局面，顯示了青年學生巨大的愛國熱情，對戰後的江西時局和社會產生了重要的影響。

其後，中正大學學生再次掀起挽救教育危機的罷課學潮。

中正大學一九四五年底搬到南昌後，學校規模繼續有所擴大，但教師則大大減少。一九四六年，全校設有文法、理、工、農四個學院，分設中文、外文、歷史、政治、經濟、教育，數學、物理、化學、生物、土木工程、機電工程、化學工程，農藝、森林、畜牧獸醫等十六個學系，共有學生二千二百二十四人，教師一百四十七人（其中教授 44 人，副教授 27 人）。辦學

---

53　《江西正大等校學生反美遊行後各方反應》，1947 年 1 月 2 日。存江西省檔案館。
54　《南昌青年運動回憶錄》，江西省政協文史資料研究委員會 1981 年內部印行本，第 252 頁。
55　《江西正大等校學生反美遊行後各方反應》，1947 年 1 月 2 日。

·國立中正大學校門（今南昌陸軍學院）（《中國共產黨江西歷
史圖志》）

條件最初極差，望城崗與南昌市十三公里的交通往來，最初僅靠
人力車、大板車和獨輪車三種原始工具來解決。一九四六年三
月，在第九戰區長官部撥給學校兩輛接收日軍的舊卡車後，才算
有了一點現代交通工具。校舍因是利用原有營房，也過於簡陋，
到一九四七年九月，隨著大禮堂、圖書館、實驗室和教職工、學
生宿舍等數十棟房屋的建成，才有了改善。

　　內戰爆發後，當局大量削減教育經費，而物價飛速上漲，致
使教育陷入危機，教職員工和學生受到飢餓威脅。一九四七年二
月中旬，中正大學學生「不滿意於校長蕭蘧之處理校務」，聚集
向學校請願，要求增聘教授、充實圖書設備、改善教職員工和學
生的生活現狀。這個要求因未得到允准，校長蕭蘧被激憤的學生

亂石擊傷頭部。隨後，學生成立了由陳潘旭、林炳生、蔣楨、貝效良、張天祐等學生領袖組成的護校會，要求校長辭職，並罷課待命；蕭蘧也在二十二日向教育部電請辭職，校務交由校務會議代理。南京教育部獲悉後，部長朱家驊遂急電江西教育廳及蕭蘧，反對學生行動，表示全力支持蕭蘧「整頓學風」，不准其辭職，同時派教育部專門委員程其保到校協助，令「剴切開導學生即日復課，並查明滋事學生依法嚴處」[56]。其後，在程其保及「省會各機關首長及社會賢達一再勸導」下，中正大學學生於三月三十一日復課，但學生沒有放棄校長辭職的要求，情緒仍極高昂，因此問題並「未獲根本解決」[57]。

五月上中旬，上海、南京等地學生掀起反內戰、反飢餓和增加副食費、挽救教育危機的罷課遊行，學生運動開始走上高潮。十八日，南京國民政府頒佈《維持社會秩序臨時辦法》，規定不准「越級請願」，請願代表不准超過十人，不准學生罷課、工人罷工、商人罷市，否則送司法機關處理。二十日，南京、上海、杭州等地學生聯合在南京舉行的「反飢餓、反內戰、反迫害」請願大遊行受到當局鎮壓，重傷學生十九人，造成「五二〇慘案」。在這個背景下，中正大學學潮再次走向高潮。

五月十日，南昌開始實行宵禁。幾天後，又聞蕭蘧即將返校

---

56　《朱家驊致江西教育廳李廳長轉銷速特急電》，1947年2月24日。
57　《江西省政府政情通訊》，第10號，1947年6月20日。存江西省檔案館。

復職。中正大學學生群情激憤，於十八日再度罷課，並決定二十二日全體學生進京請願，要求校方簽付六、七兩月公費充作旅費。學生的行動，引起省政當局的震驚。省主席王陵基當即認定「學潮變質，妨礙治安」，除下令銀行不予付款、路局不予售票外，於十九日召集有「省會各界紳耆」參加的緊急會議，決定十條緊急措施，將中正大學護校會定性為非法組織，命令即予解散；宣稱學潮中「如有共黨分子乘機利用製造暴亂，查明時將予逮捕」；威脅學生如果繼續擴大風潮，將有解散學校的可能。[58] 同時，在中正大橋（解放後改稱八一大橋）北橋頭密佈軍警，防止學生過江進入市區。省政府的措置，使學生「益感憤激」。二十一日，八百多名學生進城示威，到達中正橋頭時，遭到武裝軍警的攔阻，張英荃等五位同學被打成重傷，輕傷者有二十二人[59]。省立獸醫專科學校部分學生由城內趕至聲援，也在橋東遭到毆打。這就是江西當局製造的南昌「五二一事件」。

五二一事件暴露了省政當局反人民的反動本質，遭到社會各界的強烈聲討。二十二日，中正大學學生發佈抗議五二一血案的宣言，要求南京政府撤辦鎮壓人權的江西省主席王陵基。全省學生和民眾同表義憤，南昌中正醫學院、醫專、工專、體專、音專、獸專等校學生聯合組織「五二一事件後援會」，罷課冒雨遊

---

58 《江西省政府政情通訊》，第 10 號，1947 年 6 月 20 日。
59 參見楊小春《南昌「五・二一」事件紀實》，劉陵等《回憶「正大」學運》，分載《南昌青年運動回憶錄》，第 265-268 頁第 310-315 頁。

行。全省各地及南京、北平、上海等地學生也紛紛來信來電表示聲援。鑒於「事態至此頗有愈趨擴大之勢」[60]，江西當局在強大的社會壓力下，不得不有所收斂，答允醫治受傷學生，懲辦兇手，並由「各機關首長及耆紳」出面致電教育部允校長蕭蘧辭職，二十六日為教育部所准，派督學吳兆棠代理校務。中正大學學生遂於六月九日復課。

在中正大學學生運動期間，全省各地的民主運動也有所發展。一九四七年二月中旬，九江興中紗廠女工舉行了反飢餓的罷工鬥爭；三月，高安縣商民罷市二十天，反抗地方當局設卡非法勒捐；五月，贛縣中學、女中、女師學校教職員聯合罷教，吉安中小學教職員聯合罷教，相繼進行反飢餓鬥爭；六月初，中正大學和國立中正醫學院學生分別在校內遊行，要求「反內戰、反飢餓、反徵兵徵糧」。此後，愛國民主運動在江西，仍得以各種形式堅持和擴大。

南昌青年學生的鬥爭精神，在全國產生了較大影響，並得到中國共產黨的高度評價。一九四七年五月二十三日的新華社時評《蔣介石的末路》，認為京滬贛等地以反內戰、反飢餓、挽救教育危機為中心的學生運動，達到了新的高潮，特別指出，以蔣介石自己名字得名的「南昌中正大學，過去是沒有參加過學生運動的，在這一次都站在鬥爭的前線」。此後，南昌學生運動隨著校

---

60　《國立中正大學學潮始末志略》，《國立中正大學校刊》第 5 期，1947
　　年 6 月 25 日。

內中共組織的建立繼續發展[61]，一九四八年六月，中正大學的一批進步學生還曾祕密進入蘇北解放區；各校學生在中共組織領導下，多次罷課進行或聲援愛國民主運動，並在一九四九年春利用「應變會」等合法形式，進行了護校和迎接解放的鬥爭。

## 二 中共地方組織與邊境游擊活動

抗日戰爭時期，在粵贛湘邊區、皖浙贛邊區、閩浙贛邊區，都有中國共產黨領導的抗日武裝從事抗日救亡活動。國民黨連續發動反共高潮後，這些武裝力量均受到程度不同的損失。抗戰勝利後，大批革命武裝奉命向北方移動，但仍有一小部分就地堅持民主鬥爭，遂為國民黨當局所不容。一九四六年六月全面內戰爆發後，江西省保安司令部立即擬定全省綏靖計劃，決定「協約鄰省，以保安團隊主力，分區殲滅」[62]人民武裝。隨後，派出省保安處長鄔燦率領省保安第四、七兩總隊（一總隊相當於一團），協同第十集團軍（總司令歐震）部隊進入贛南，「清剿」贛粵邊區人民武裝黃業、劉新潮、劉培新等部；派一個保安大隊由贛閩浙三省邊區指揮所指揮，圍攻該邊區人民武裝曾鏡冰部；派兩個保安中隊會同福建部隊，圍攻贛閩邊區人民武裝張澤慶部。人民武裝在強大敵軍的圍攻下，輾轉應付，靈活機動，打破了敵人

61 如中共南昌地下黨 1948 年 3 月在中正大學建立了黨支部，10 月又在中正醫學院和南昌二中、心遠、高商等學校建立了地下黨小組。
62 《江西省政府三十五年度政績比較表》，1947 年。存江西省檔案館。

「分區殲滅」的企圖。到一九四七年，各地人民武裝力量均有所增長，其主要分佈和活動情況為：

粵贛湘邊區：一九四七年四月，在廣東南雄成立中共五嶺地區委員會，張華任書記，黃業、劉建華任副書記。五嶺地委將人民武裝整編為粵贛湘邊區人民解放總隊，由黃業、劉建華分任總、副隊長，張華任政委，陳中夫任政治部主任。總隊下轄第一、三、五、六四個支隊，分散活動於粵北、贛南和湘南地區。地委和總隊的成立，成為粵贛湘邊區人民革命力量發展的重要標誌。不久，這支原先僅有二百多人的隊伍，很快增加到四千多人、三千多支槍。在贛南活動的主要是第六支隊（下分 3 個大隊，共 800 多人），後來第一、五支隊也挺進到贛南。他們運用各種形式，分別組織、建立了「河北隊」、崇余康獨立大隊、信余康游擊隊、「烈火隊」、「紅花隊」、三南遊擊隊等靈活輕便的武裝工作隊，在崇義、大余、南康、信豐、龍南、全南、定南等縣邊區開展游擊活動，「來去無定」[63]，頗有聲勢[64]。

皖浙贛邊區：抗戰勝利後，原在蘇浙皖地區的新四軍主力北撤，在蘇南、皖南留下一支五百餘人的隊伍堅持鬥爭。一九四七年三月八日，中共中央華東局指示皖南地委，發展皖蘇浙贛廣大地區的游擊戰，「總的發展方嚮應以贛東北為主」，創造廣大的

---

63　《中央治安考察團第三組（江西方面）報告書》，1948 年 12 月 8 日。存江西省檔案館。

64　關於粵贛湘邊區人民解放總隊的情況，詳見劉建華《贛南支隊成立前後的戰鬥歷程》（載《江西文史資料》第 15 輯）等文章。

游擊根據地。隨後，熊兆仁、余華、倪南山率新四軍皖浙贛支隊
（1948 年 12 月正式改稱中國人民解放軍皖浙贛支隊）向以休
寧、祁門、婺源、浮梁為中心的皖浙贛邊區挺進。支隊以靈活多
變的轉進奔襲，多次挫敗敵軍的大規模「清剿」，牽制皖浙贛三
省保安團和地主武裝約八千人，創建了以婺源鄣公山為中心的大
塊游擊根據地。[65]

　　贛西南地區：萬青領導贛西南貧苦農民和部分由廣東移入江
西的墾民，成立了人民解放大隊（亦稱白馬大隊），有人、槍三
百餘。他們以泰和馬家洲、五寧庵等處為根據地，游擊於永新、
泰和、遂川、永豐、吉水、萬安等縣，並挫敗了江西保安第三團
歐陽江部的「清剿」。此外，劉雄虎部五百餘人，從一九四七年
冬起，也在遂川、上猶一帶地區進行遊擊活動。

　　在人民武裝堅持鬥爭的同時，中共江西地方組織也有所恢復
和發展。雖然中共江西省級組織自抗戰中期遭破壞後，一直未能
恢復，但從一九四七年起，在一些市縣，建立了中共組織，恢復
了組織活動。這些組織主要有：隸屬於中共閩浙贛區委的、以蔡
敏為書記的湘贛邊工作委員會，在贛南、贛西、贛東及南昌均建
立有下屬組織；以李健為書記的中共南昌城工部，正式成立於南
昌解放前夕，但從一九四八年已開始在贛中、贛北地區建立有六
十多個黨支部；隸屬於中共湖南省工委的、以孟樹德為書記的萍

---

65　詳見《解放戰爭時期皖浙贛邊區的游擊戰爭》，《江西黨史資料》第
　　15 輯，1990 年印行。

鄉礦區工作委員會；為配合解放軍南下，一九四九年五月在大余建立的中共贛南工作委員會，隸屬中共華南分局五嶺地委，劉建華為書記，等等。[66]

　　江西境內的中共組織和人民武裝，總的說來力量不大，但他們進行的活躍的組織和游擊活動，對國民黨江西統治當局是一個威脅，因此受到當局的嚴密監視和鎮壓。當局採取的最厲害的一招，是派遣人員打入各武裝力量內部，瞭解其活動進而予以破獲。僅一九四七年，江西國民黨組織即分別在大余、信豐、上饒、瑞昌等「本省各股匪內部建立內線三十六名，並經各內線之努力，曾破獲匪案五十二件，緝獲人犯一百九十一名，抄獲步槍五十二支，短槍八支」[67]。但是，不論當局如何嚴密監視和鎮壓，終究無法消滅中共組織及其領導的武裝力量。到一九四九年春夏人民解放大軍進入江西時，各地中共組織及其武裝力量積極配合作戰，為江西的解放作出了貢獻。

## 三　中間力量的發展

### 1. 中間力量的組織狀況

　　抗戰勝利後，政治態勢變化的一個重要方面是中間力量的進一步擴大，特別是在政治協商會議召開後，新的黨派、社團「如

---

66　詳見中共江西省委組織部等編《中國共產黨江西省組織史資料》，中共黨史出版社 1999 年版，第 674-685 頁。

67　《中國國民黨江西省執行委員會三十六年度政績比較表》，1948 年。存江西省檔案館。

雨後春筍」般地產生，成為戰後政局中的一種特殊現象。在江西活動的中間黨派及其組織主要有：

中國民主同盟江西臨時支部。一九四六年夏，江西知識界進步人士、中華民族解放行動委員會中央臨時執行委員何世琨，受中國民主同盟總部[68]組織委員會主任章伯鈞的委託，由重慶來江西發展民盟組織。何聯絡曾伯雄、劉九峰等在南昌創辦《自由半月刊》，以天健中學為活動據點，並向豐城、永修等地發展組織。一九四七年秋，李柱受民盟總部指派由滬來贛建立江西臨時支部，指定曾伯雄、何序東、王秋心、李柱、陳言、包煊敏、唐敬齋七人為支部委員，推曾伯雄為主任委員。同年十一月，中國民主同盟總部被迫宣佈解散後，江西民盟組織轉入隱蔽活動。一九四八年一月，民盟總部在香港恢復機構，決定同中國共產黨站在一起，「為徹底摧毀南京反動獨裁政府，為徹底實現民主、和平、獨立、統一的新中國而奮鬥到底」。此後，民盟江西臨時支部積極推動反蔣愛國的學生運動，宣傳中國共產黨的主張，並在農村組織開展反三徵（徵兵、徵糧、徵稅）鬥爭，有的地方還組建了地下武裝，配合人民解放戰爭的進行。到一九四九年七月，民盟江西臨時支部在約二十個地縣建立了組織，全省盟員共計一千人左右；單獨和與農工民主黨合作組建的武裝，約有人槍三千

---

68　中國民主同盟是 1941 年由三黨即青年黨、國社黨（1946 年改建為民社黨）、第三黨（1947 年 2 月改稱中國農工民主黨）和三派即救國會、職教會、鄉村建設派共同組建，後青年黨於 1945 年退出，民社黨在 1947 年決定參加制憲國大，也從民盟中分裂出去。

餘[69]。

中國農工民主黨江西省工作委員會。農工黨是民盟的主要組成黨派之一，也是在江西建立組織最早的一個民主黨派。其前身中華革命黨一九二八年即在南昌成立了以李小青為主任委員的江西省籌備委員會（1930 年稱「中國國民黨臨時行動委員會江西省幹部會」），抗戰時期先後組建了以何序東為主委的中華民族解放行動委員會江西省臨時委員會、江西核心小組，在南昌、贛州、泰和、豐城等地發展組織，堅持活動，並於一九四六年冬，在南昌建立由何世琨負責的中心組。次年二月，中華民族解放行動委員會易名為中國農工黨，同年冬，農工黨江西省臨時委員會在豐城成立，以何序東為主委，陳言、李柱、唐敬齋、吳建東為委員。一九四八年七月，臨時省委會遷到南昌市，但組織活動受到國民黨當局的壓制，何離開南昌，組織活動一度短時中斷。[70]一九四九年二月，改組成立中國農工黨江西省工作委員會，何序東任主委。這時，全省組織已擴大到三十一個市縣，有黨員五千七百餘人。省工委廣泛開展愛國民主活動，發動部分縣鄉反徵兵、反徵糧、反徵稅的鬥爭和城市的護廠護校活動，組織「民主自衛軍」配合人民解放軍的渡江作戰，迎接江西的解放。[71]

---

69　《中國民主黨派江西省地方組織志》，2001 年印刷，第 100 頁；《江西民盟五十年（1947-1997）》，《江西盟訊》1997 年第 4、5 期合刊，第 2-5 頁。
70　《南昌市志》，第 5 冊，第 87-88 頁。
71　《中國民主黨派江西省地方組織志》，第 285-287 頁。

中國國民黨革命委員會江西省份會籌委會。一九四六年夏，
三民主義同志聯合會中央幹事李世璋到江西發展組織，組成三民
主義同志聯合會江西省籌備委員會。一九四八年夏，孫其名到江
西發展中國國民黨革命委員會組織，成立民革江西省籌備委員
會。兩會分別在全省二十二個市縣發展了自己的組織。一九四九
年二月，這兩個籌委會合併組成民革江西省份會籌備委員會，以
湯允夫、孫其名、廖超倫、聶轟、武惕予為常務委員，湯允夫為
主任委員。籌委會廣泛開展愛國民主活動，反對國民黨的獨裁統
治，並在黎川等地，組織武裝，為迎接解放作了積極的工作。[72]

在江西出現的黨派組織還有中國青年黨、中國民主社會黨及
幾個小黨的分支：

中國青年黨江西省黨部。青年黨是抗戰勝利後在江西組織發
展最快、勢力最大，也是內部紛爭最為激烈的一支中間勢力。該
黨在一九四五年十二月重訂政綱，宣稱本國家主義精神，以建設
全民福利的現代國家為宗旨，並以政治民主化、軍隊國家化作為
其政治主張[73]。江西的青年黨組織，始於一九二八年。當時由南
昌劍聲中學校長邱大年負責，邱赴北平任教後，由繼任校長熊恢
主其事。後長期未有組織活動。一九四六年夏，熊恢在廬山被該
黨主席曾琦召見後，成立江西省臨時黨部，熊為方便在南京活動

72　《中國民主黨派江西省地方組織志》，第 28-30 頁。
73　參見《中國青年黨黨益》，1945 年 12 月；《中國青年黨沿革簡史》，
　　1946 年 7 月。原件存二檔館。

立法委員等職任，自任指導委員，而以辛植柏為主任委員實際負責黨務。[74]一九四七年八月三日，青年黨江西省代表大會在南昌召開。會上，以熊恢等為首的「元老派」和以辛植柏為首的「實力派」發生激烈爭執，結果元老派在執行委員會的選舉中落敗。元老派遂另召集會議和推舉執行委員，「兩方勢成敵對」，熊、辛兩人乃先後去南京青年黨中央告狀並尋求解決。十月，「原省黨部奉令解散，另組整理委員會，著手整頓」，整委會由青年黨中央委派的葉時修等七人組成，葉為主任委員。葉隨後急欲擴大自己的力量，對熊、辛均形成威脅，兩人遂又「願捐棄成見，急謀合作，以便與葉時修競爭」[75]。因此，青年黨在江西的組織，一直內爭不斷，並不穩定。但這時，青年黨因在召開制憲國民大會問題上，明確站在國民黨一邊，實際上成為國民黨的政治盟友，故而江西青年黨成員在國大代表、立法委員、監察委員的選舉中，均參與其事，其利益得到國民黨的保護。

江西青年黨的經費，主要來自該黨中央。其活動以吸收黨員、宣傳黨綱（如宣傳、銷售該黨所辦《中華時報》、《青年週刊》、《青年生活》等報刊）和謀求參加地方政權為中心。其組織結構分四層，即省黨部、市縣支部、區分部、小組，特許國民

---

74　國民黨中央黨政軍聯席會議秘書處：《黨派活動專報》第 3 期（1948年 3 月），《中華民國史檔案資料彙編》，第 5 輯第 3 編，政治（三），第 169 頁。

75　國民黨中央黨政軍聯席會議秘書處：《黨派活動專報》第 3 期，1948年 3 月。

黨員祕密跨入該黨。一九四七年時，已在南昌市和安義、豐城、高安、清江、萬載、興國、瑞金、泰和、分宜、安福、蓮花、資溪、黎川、廣豐、九江、瑞昌、彭澤等縣設立支部或籌備處，並在南昌公開活動。[76]有資料稱全省黨員「已達三千餘名，其中以公教人員為最多，占二千三百名左右，學生占四百餘名，商界最少約三百左右」[77]。次年，該黨在全省的組織發展及活動，還有進一步的擴大，全省大部分市縣均有青年黨的組織或人員（民社黨亦如此），有的縣規模還不小，如高安一縣青年黨成員達三百多人。南昌解放前夕，主要成員大部離開江西先後去台灣，江西青年黨組織隨告瓦解。

中國民主社會黨江西省支部。以張君勱為主席的民社黨，其黨章稱「以實現民主社會主義為宗旨」，政治路線為「不走英美資本主義的路，亦不走蘇聯共產主義的路，而走資本主義與共產主義兩者中間的路」。一九四七年七月該黨一大之後，即由中央指派高鍠（又名粹光）為江西省支部主任委員，到江西發展組織。江西支部最初設在贛州，同年十一月遷到南昌，由高鍠之弟高鏗任主任委員，饒伯午為書記長，張建東、高鍠、劉壽元、張玉民、殷慕萍為委員。先後在宜春、分宜、萬載、臨川、吉安、

---

76 國民黨中央黨政軍聯席會議秘書處·《中國青年黨概況》（1947 年），《中華民國史檔案資料彙編》，第 5 輯第 3 編，政治（三），第 129-132 頁。

77 國民黨中央黨政軍聯席會議秘書處：《黨派活動專報》第 13 期，1947 年 3 月 30 日。

九江、萍鄉、上饒、玉山、廣豐、奉新、清江、定南等縣設立分部籌備處。民社黨「中央認為江西黨務發展迅速」[78]，極為重視，遂派出中央委員到贛視察和佈置國大代表選舉工作。由於民社黨與青年黨一樣，在一九四七年秋冬支持國民黨召開制憲國民大會，該黨也被國民黨視為友黨，江西民社黨組織和成員得以參與國大代表、立法委員和監察委員的選舉，其政治利益得到國民黨的保護。但民社黨中央每月僅發江西十餘萬元，故江西組織「經費困難」。

民社黨江西組織其後內部出現紛爭，李才彬（原任江西省立工專校長）因領導有大批黨員，自成一派，經赴上海與該黨中央主席等核心人物聯絡，被該黨提名為江西立法委員候選人，並指定為江西支部改組籌備會主任委員，引起江西支部其他幹部的不滿。高鏗遂與饒伯午在南昌召開二十三人幹部會議，會上發表了攻擊李才彬的言論，否決了李任籌委會主委的提議，議定仍以原支部為黨務最高機構，負責籌備省黨部[79]。民社黨內部發生糾紛不獨江西一地。據其中央總部一九四八年七月二十二日電稱，各地黨部因內部人事不協調發生糾紛、窒礙進行者孔多，「稍有不合，即交相訴病，函電中央；尤有甚者，乃至發洩私忿，互相傾

78 《中國黨派》（中聯出版社 1948 年 1 月），方慶秋主編《中國民主社會黨》，檔案出版社 1988 年版，第 258-259 頁；《中國民主社會黨各地支部組織活動概況》（1948 年 1 月），《中華民國史檔案資料彙編》，第 5 輯第 3 編，政治（三），第 280 頁。
79 國民黨中央黨政軍聯席會議秘書處：《黨派活動專報》第 3 期，1948 年 3 月。

軋」。而該黨中央亦發生了分裂，因此，地方黨務頗為混亂。年底，根據該黨中央關於在中共部隊接近地區結束黨務的指令，江西民社黨組織也就很快消散。

中國農民黨江西支部籌委會。中國農民黨一九四七年五月成立，宣稱以喚醒農人自覺自主，維護農人正當權益，促進農工和城鄉平衡發展，實現以農業農村為基本現代化的民主法治中國為宗旨。江西王沚川出席了該黨一大，他原誤以為是農民協會改名為農民黨，故只是在江西邀集四五個農協會員舉行座談，並未發動徵求黨員，但表示各界對本黨均極同情贊成，江西經戰爭後農村生活困苦，參加者一定踴躍。[80]這就是說，作為一省的籌備人，他自己對該黨理念、宗旨尚不明白。六月，該黨中常會第四次會議決定，以張明善、鍾南齊、王雲森、林逢春、王儒鈞為江西支部籌備委員，張為召集人。但據一九四八年四月一日的《中國農民黨黨務通告》（第八號）載稱：「江西支部已洽妥籌備人選，即可展開工作」，表明過了十個月，江西並未展開什麼黨務活動。此後，未見該黨在江西活動的記載。

中國新社會革命黨江西辦事處。該黨一九四八年一月十日在南京成立，自稱遵循三民主義，以團結革命同志，排除反革命障礙，推行新革命運動，建設新社會主義新中國為宗旨[81]。這是一

---

80　《中國農民黨第一次全國代表大會記錄》，1947 年 5 月 12-14 日。此為王在 12 日會上的報告內容。

81　《中國新社會革命黨黨章》，1948 年 1 月 10 日第一次全國代表大會通過。

個認為國民黨已經衰落而使三民主義變質，又以所謂不適合國情、民族傳統而反對中國共產黨的黨派。在人民解放戰爭凱歌行進之時，該黨以「居第三方面」為名，屢次向國內外各方「呼籲和平」、「停止戰爭」。江西省政府一度對該黨在江西的活動表示擔心，曾向行政院請示其是否為合法政黨、可否准予其公開掛牌活動，得行政院一九四八年十一月二十六日第五三二二號訓令，正式承認其為合法政黨並通令全國。江西組織的具體情況不詳，其黨務活動由該黨湘鄂贛黨務特派員何鵬負責，但南昌是該黨的重要據點，南昌樵舍鎮德昌祥和南昌豫章後街十七號（兩處主人均為魏俊德）是其中央總部非常時期的通訊處、辦事處。所謂「非常時期」，指「地方陷落」即被解放軍占領，非常時期的黨務則主要是佈置潛伏，進行「地下工作」[82]。

三民主義憲政同志會（簡稱「民憲會」）南昌分會。民憲會一九四六年四月十日在重慶成立。以孫科為名譽會長、吳尚鷹為理事長的民憲會，將「闡揚三民主義五權憲法，促進憲政及完成民主政治」作為政綱[83]，在南京設總會，各地設分會。南昌分會是該會各地分會中成立最早者，也是組織較為完備的一個地方分會。南昌分會以李德釗、涂璧、張良琇、康霓華、劉家樹為常務幹事，李德釗兼總幹事；以辛安世、王德興、應豪仲為常務監

---

82　參見《中國新社會革命黨非常時期緊急措施辦法》，1948 月 12 月；《中國新社會革命黨非常時期交通聯絡辦法》，1948 月 12 月；《中國新社會革命黨中央總部通令》，第 16 號，一九四九年 2 月 7 日。

83　《三民主義憲政同志會簡章》，1946 年 4 月 10 日成立大會修正通過。

察。嚴格地說，民憲會不是一個具有獨立政綱的政黨，只是國民黨內的一個政治派別而已。

## 2. 江西當局的政策

中國民主同盟被迫解散後，在國民黨統治區，它實際上被認為是一個非法政黨，其活動受到當局的取締。國民黨江西當局對省內的民盟組織，嚴加監視和壓迫。

江西國民黨當局對其他各中間黨派，在態度和政策上，除制憲國民大會選舉期間外，實際也是高度戒備和監視。一九四七年五月三日，國民黨江西省黨部接獲中央密電：「各黨派在各地之公開活動，自不便干涉，但各地黨政機關仍應密切注意，如有違法活動，應依法處理。至參加政府之青年、民社兩黨，可准其公開掛牌。」[84]五日，省黨部即電令各市縣黨部，須明了各黨派以及中共在地方之實際情形，「於各黨各派與奸黨在縣內之活動情況，務仰切實查明其主持人為誰、活動方式如何、人數若干、憑藉活動之背景為何、社會上對其反應如何以及本黨如何應付之策略等，詳細具報」[85]。至此，國民黨地方當局對各黨派的政策態度基本明確了下來。

江西省主席王陵基對這些黨派是不以為然的。一九四七年夏秋青年、民社兩黨轉而支持國民黨召開國民大會後，國民黨中央

---

84  《中央執行委員會致江西省黨部關於黨派公開活動電》（密），1947年5月3日。存江西省檔案館。

85  《中國國民黨江西省執行委員會代電》，1947年5月5日。原件存江西省檔案館。

對該兩黨遂取寬容政策，敷衍表面，稱其為「友黨」，不但允其公開掛牌，而且保證其國大代表名額，還要求各地國大代表和立法委員選舉事務所的工作人員中，要安排該兩黨的人員。但王陵基並不執行，「對民、青兩黨人員，則取漠視態度」，對於全省選舉事務所的人事，「不僅幹事未留一席，即助幹亦不留一席與友黨，致使民、青兩黨委員不快」。當時有人認為，王陵基這種「竟對友黨表面都不應酬，殊使友黨難堪」的行為，是一種不顧國民黨策略的失策，將成為嚴重影響政局乃至國民黨中央威信的隱患，因此要求簽請蔣介石預為防止[86]。這件事被人密報後，引起了國民黨上層的關注。可能是蔣介石出面干預（尚未見確切資料），王陵基的態度才轉而發生改變。據《江西民國日報》報導，江西原來公開發表並報送南京的選舉事務所委員名單，因無民、青兩黨人士參加，故被南京作出變更，變更之後，在江西四個區立法委員選舉事務所，以及八十二個市縣國大代表選舉事務所中，每一個所均增加民、青委員各一名[87]，最終形成了國民黨與民社黨、青年黨三黨合組國大代表、立法委員選舉事務所的格局（每一區所中，國民黨代表至少占 4 名；縣所中，國民黨代表占 3 名，占主導地位）。幾天後，蔣介石還致函江西周邦道、柯逢春等十人，令其讓出所在縣國大代表名額，讓由友黨提名候

---

86　逸：《關於江西政治環境、選務等致洪蘭友的信》，1947 年 8 月 21 日。

87　《國代立委選舉事務所由三黨派員組織》，《江西民國日報》1947 年 11 月 10 日。

選，並要「協助友黨人士當選」[88]。其後，在江西省正式選舉出的「行憲」國大代表中，民社黨和青年黨在八十二個名額中，各占了七人，在立法委員中也各有人入選。

各縣黨部對各黨派事實上也相當警覺，即使對被視為友黨者也不例外。如分宜縣黨部在向省執委會的報告中說：「近有青年黨活動，主持人為張國興，本縣雙林鄉籍，縣政府軍事科長方某亦為負責人之一，現在大肆徵求黨員，煽惑一班青年學生及本黨少數黨員加入活動」，並附送祕密得到的青年黨志願書、登記表、誓詞及聲明書，要求省黨部指示如何處置[89]。安義縣黨部對民社黨在該縣的活動，則不但高度注意，而且還派人打入其內部。安義黨部在給省黨部的電文中稱：「查中國民主社會黨在本縣籌組縣黨部，並於十月間派熊飛（青年團團員）為籌備員，現已擇定上河街四號辦公，被徵求入黨者多為失意分子及地方流氓，計有張□等數拾人。查熊飛是本縣萬年春茶社學徒出身，毫無領導力量，刻下未能發揮作用。本部為明了內容起見，已派本黨黨員蔡衍恩、毛端宏二同志打入該黨為本會內線。茲檢具該民

---

88　《蔣總裁函周邦道等十同志本謙讓精神協助友黨人士》，《江西民國日報》1947 年 11 月 20 日。

89　《中國國民黨分宜縣執行委員會致省執委會密電》，1947 年 5 月 30日。原件存江西省檔案館。省黨部 6 月 6 日回電指示該縣黨部；一、將青年黨活動情形暨入數詳細續報。二、嚴密加強各職工團體黨團，發揮力拯爭取黨員，並將跨黨黨員姓名報會議處。三、附件存省。又，各縣黨部類似報告當地黨派活動的電文甚多，難以一一列舉。

主社會黨政綱及入黨申請書各一份，理合備文電送鑑核。」[90]這種情況，並非個別縣份才有，而是國民黨省黨部的統一佈置。據記載，僅一九四七年，江西國民黨組織即分別在青年黨方面建立省級內線一人、縣級內線四十八人，在民社黨方面建立省級內線一人、縣級內線二十一人，在民盟內部建立內線三人，同時還在各社會團體內部「建立內線共四十七名，經常監視各社團活動」[91]。這就是說，即便在青年、民社兩黨投向國民黨後，他們在南昌及各縣市的活動，也仍處在國民黨地方組織的嚴密監視之中，他們的一舉一動，都被國民黨的基層組織及內線及時地密報到了省黨部。

這就說明，國民黨從未真心容許中間勢力包括青年黨、民社黨這樣的所謂「友黨」的發展，而是從根本上將其視之為對國民黨統治的公開或潛在的威脅，因此，運用打入內部等各種手法，嚴密監視其組織，掌控其活動，一直成為國民黨省黨部的一項重要工作，直到國民黨在江西的統治結束後才告中止。國民黨的這種嚴密控制，是中間力量難以發展的一個重要原因。

90　《中國國民黨安義縣執委會致省執委會代電》，1947 年 12 月 30 日。原件存江西省檔案館。

91　《中國國民黨江西省執行委員會三十六年度政績比較表》，1948 年。

## 第四節 ▶「戡亂」背景下的經濟、文化與生活

### 一　社會經濟的崩潰

抗戰勝利後江西的經濟狀況，大體是一個每況愈下的態勢。當時人說，「接收」兩個字似乎超越了一切，社會上開始混亂起來，顯然是沒有戰時來得安定，且日益陷入「一個經濟崩潰的浪潮」，一個「物價波動、商業瘋狂的時代」。在這個浪潮中，工業經濟首當其衝，「一般的富商巨賈，莫不致全力於投機操縱囤積居奇中互爭長短，誰也不會顧及工業界的艱窮而加以同情和援助，誰也沒有想到數十萬勞動群眾的失業，會引起社會不安，都眼看著整個工業逐漸趨於滅亡之道」。到一九四七年，雖然中國全國工業協會江西分會尚有六十四家會員企業，但江西工業已呈頹勢，「重工業理事會和本省合辦的各工廠都停工了，興業公司接辦的各工廠也大多數停工了」[92]，復工者僅贛縣電廠、吉安電廠、萍鄉瓷廠及接收日偽的九江陶瓷株式會社（改稱九江瓷廠），其餘因毀損殘缺嚴重難以恢復。[93]至於民營企業，有一定數量的中小廠礦，但「多無力維持再生產，處境困難萬分，掙扎至今，已屬奄奄一息」，時人嘆曰，與抗戰期間之蓬勃繁榮狀況

---

92　徐劭文：《一年來之江西工業》，《工商知識》，第 4 卷第 5 期（1948年）。

93　《江西省行政會議總報告書》（1947 年），《江西近代工礦史資料選編》，第 136 頁。

相比，令人產生「不勝今昔」之感。[94]

因此，據江西省建設廳一九四九年二月底的統計，全省工廠情況，除未計入陶瓷行業外，無論是數量還是資本，都下降到谷底：

· 一九四九年二月底江西工廠概況[95]

| 種類 | 廠數 | 資本總額（金元） | 停工數 |
|---|---|---|---|
| 紡織工業 | 49 | 8040.10 | 6 |
| 食品工業 | 32 | 13414.53 | 8 |
| 化學工業 | 16 | 3897.66 | 2 |
| 木材工業 | 7 | 328.00 | 1 |
| 文化工業 | 13 | 1502.83 | 1 |
| 土石工業 | 12 | 2270.33 | 4 |
| 鋼鐵工業 | 3 | 133.33 | 2 |
| 冶煉工業 | 1 | 1.67 | 1 |
| 電器工業 | 1 | 0.01 | |
| 建築工業 | 1 | 266.67 | |
| 水電煤氣 | 15 | | |
| 雜項工業 | 1 | 0.14 | |

94　余行魯：《江西之民營工業》，《經建季刊》，第 6 期（1948 年）。

95　民國《江西通志稿》第 26 冊，第 172 頁。說明：各工廠資本額，其呈報增資者以所呈增加之資本計算，未呈報增資者以其成立時資本計算；資本單位呈報時為法幣者，均照規定以 300 萬比 1 折合金元計算。

| 種類 | 廠數 | 資本總額（金元） | 停工數 |
|------|------|----------------|--------|
| 總計 | 151 | 29863.27 | 25 |

　　戰後江西工業的衰敗，有多方面的原因。第一，南京國民政府在工業佈局上，不再看重江西，行政院所分配的建廠地點，「遍及國內各大城市，而江西獨付缺如」。這一點，引起江西工業界、民意機關和各社會團體的極度不滿，他們於一九四七年五月二十七日集會，並以十一個團體名義致電行政院、立法院、行政院賠償委員會、全國經濟委員會、資源委員會、經濟部，提出異議，認為「所分配之建廠地點，如是按戰時地方受敵損害程度而言，則江西遭受日寇騷擾區域，幾遍全省，工農商各業資產並文化交通等事業，均蕩然無存；且在戰時貢獻國家之人力物力財力，較之此次指定遷廠地點之京、滬、津、漢、渝、桂、鄭州、海州、大沽口、海南島等地，實有過之無不及。如依各地需要及資源分佈狀況為依據，則江西所擁資源至廣，而需要又至殷」。為什麼獨缺江西，這合乎事理嗎？他們甚至質問：如此「倘見諸實施，則我江西將一切落空，尚何經濟建設之可言？」他們要求，根據資源和需要，在江西配設電力煉鋼廠、軋制鋁錫廠、聯合機器廠、紡織機器製造廠和火力發電機組。[96]這一要求可謂合

---

96　《江西省參議會、中國全國工業協會江西分會等致行政院等快郵代電》，1947年5月31日，中國工協江西分會：《工協》，第2期（1947年6月）。

情合理，但終未得到南京政府的積極反應。第二，江西省政府也沒有經濟建設的整個計劃，重工業和輕工業的發展沒有適當的配合。[97]第三，戰後價廉物美的美國商品傾銷，對地方工業形成強大的衝擊，人們爭購美貨，地方工業產品銷路日蹙。第四，國內戰爭環境的影響以及金融、物價的劇烈波動，使江西經濟發展缺乏必要的條件，導致所剩不多的工礦企業也「無法維持」，紛紛倒閉[98]。這些因素的綜合作用，對江西戰後工業的發展，可以說是致命的。

與工礦業生產的衰落相比，這時的經濟部門中，相對較好一點的是農業。但即便是農業，也呈現衰頹景象。

一九四八年底，國民黨中央考察團對江西的經濟情況有一個概括性的總結：「江西原為物產豐富、家給人足之省份，近年來其市場或為外銷所牴觸，或為代替品所奪取，影響一般農民生計至巨。糧食為該省生產品之大宗，因歷經戰亂，地方瘧疾流行，贛東少數縣份且發現鼠疫，死亡率甚高，全省人口竟由三千萬眾減到一千二百餘萬，凡過去遭受赤化縣份人口有減少至半數者，近且鄉村青年為躲避拉丁，率相逃亡，有村莊找不到青年，田園任其荒蕪，即縣城三五里以外，田園荒蕪亦多，無人耕作，產額年有減少，人民生計愈趨嚴重。」[99]

---

97　徐劭文：《一年來之江西工業》，《工商知識》第 4 卷第 5 期（1948年）。

98　《江西省政府施政報告》（1947 年 5-10 月）。

99　《中央治安考察團第三組（江西方面）報告書》，1948 年 12 月 8 日。

江西經濟狀況的困窘，從全省收支情況中也可見一斑。據省政府公佈的數據，一九四六年一月到一九四七年九月省庫的收入，總計為一百六十七億四千零八十萬七千五百八十五點一五元（法幣），主要來自中央補助八百六十億元（原文如此，疑為 86 億元），本省課稅收入四十六億元，公糧變價二十三億元，地方協助十一億元；支出總計為一百四十二億五千八百七十八萬零六百五十四點四零元，主要開支為生活補助費五十一億元，警保費三十二億元，營業基金十七億元，補助地方十三億元。[100]這種情況，一直沒有太大變化。省財政廳一九四八年下半年的實際收支情況（截至 1949 年 1 月底，以金圓券為單位），從收入看，江西在很大程度上仍是靠中央財政供養：實際收入二千零九十六萬七千三百三十六元，其中中央補助款占百分之六十點五零，為一千二百六十八萬九千三百零一元，是最大的一項收入，超過了全省實際收入的半數（1948 年上半年略好，但也占了 41.84%。而在 1949 年的概算中，中央補助更高達全省收入的 75.08%）。[101]這種情況說明，江西自身生產、經營能力已經十分低下，連起碼的自給自足也已無法做到。從支出情況看，江西這時開支最大的兩項，一是薪餉，占百分之四十四點一五，二是暫付款（不明其實際用途），占百分之三十四點八五。此外，保安警察支出占百

100 《會計處招待記者報告預算編制》，《江西民國日報》1947 年 11 月 9日。
101 民國《江西通志稿》，第 26 冊，第 179-181 頁。

分之六點九七，教育文化占百分之三點一九，經濟建設占百分之零點三七，其他建設事業占百分之零點零二，衛生支出占百分之零點一二，行政支出占百分之一點五四，為數都少得可憐。儘管比預算大大地壓縮了行政支出（壓縮約 40%），對教育文化仍給予了相當的保護，但杯水車薪，總的說來，已經幾乎沒有像樣的建設可言。[102]

## 二 文化教育

抗戰勝利後，國民政府宣稱「還政於民」，取消新聞檢查，頒佈新的《新聞出版法》，在《中華民國憲法》（1946 年 12 月通過）中，規定「人民有言論、講學、著作及出版之自由」。因此，社會各種力量紛紛開辦報刊，爭取輿論。江西報刊業一時頗為壯觀，如南昌，「出現了空前的畸形發展，陸續創辦的有《中國新報》等三十餘家，加上遷回的《民國日報》以及在外縣創辦遷往南昌市的《聲報》等十餘家，共有報紙近五十家」[103]。在南昌市編輯發行的這些報刊，最主要者為黨政軍警機關或政治派系所主辦，如省黨部的《江西民國日報》、《正路》，省三青團支團部的《青年報》，省政府教育廳的《大眾日報》，南昌市政府的

---

102　1948 年上半年支出情況略有不同，其中薪餉占 25.31%，保警 25.51%，教育文化 3.94%，經濟建設 1.39%，其他建設事業 3.15%，衛生 0.23%，結存 27.79%（民國《江西通志稿》，第 26 冊，第 180 頁）。

103　《南昌市志》，第 6 冊，第 352 頁。

《市聲》，駐省部隊的《特種兵》，政學系的《中國新報》，軍統的《捷報》，中統的《力行日報》，商會的《華光日報》，金融協會的《徵信新聞》。此外，便是由政治人物或報業人士所創辦的。前者如省參議會議長王枕心創辦的《新聞日報》、國民政府立法委員楊不平創辦的《文山報》、劉實創辦的《學生報》、南昌市黨部書記長黃光學創辦的《知行報》、省三青團支團部幹事王以勃創辦的《自由報》、南昌市參議員王效平創辦的《新商報》等，後者則有《東方日報》、《天下報》、《東南晚報》、《南昌晚報》、《真情新聞》等。據一九四六年十月統計，江西全省有報紙一百零五家，通訊社五十一家，雜誌社一百三十五家。這些報刊，有的不乏相當尖銳的言論。

當局對文化事業的領導，仍以文化運動委員會的形式進行。但這時的一個重要變化，是將抗戰時期龐大的文運會規模大大縮小，成立了由省黨部宣傳處長主持的、二十五位文化人組成的江西省文化運動委員會。一九四六年十月，進一步將原六個專門委員會，整縮為新聞出版、文哲藝術、自然科學、社會科學四個組，同時強調發揮固有文化團體和機構的作用，加強文運會與文化人之間的溝通與團結。文運會以開展「民族文藝」、「民族戲劇」、「民族繪畫」、「推進社教」、「糾正思想」為基本任務，曾印行《民族文藝月刊》、《民族文藝叢書》（含《岳王傳》、《越王傳》等）、《荊棘畫刊》、《神社說教》之類書刊，組織公演《忠孝坊》、《摩登姑娘》、《鎖著的箱子》、《最後一幕》等戲劇，在青年學生中推行以三民主義為體、新生活運動為用的思想統一運動。文運會的基本活動及目的，還是在為反共「戡亂動員」服

務。

民國建立以來，一部分江西籍學者因其出色的學術成就，在國內外聲譽日隆。一九四八年中央研究院評定第一屆院士，江西籍學者有物理學家饒毓泰（1891-1968 年，臨川人）、物理學家吳有訓（1897-1977 年，高安人）、動物學家陳禎（1894-1957 年，鉛山人）、植物學家胡先驌（1894-1968 年，新建人）、物理化學家吳學周（1902-1983 年，萍鄉人）、歷史學家陳寅恪（1890-1969 年，修水人）、政治學家蕭公權（1897-1981 年，泰和人）、歷史學家與教育學家傅斯年（1896-1950 年，祖籍永豐、生於山東聊城）名列其中，極一時之盛。此外，政治學家楊杏佛、鄒韜奮、羅隆基、王造時、彭文應、彭學沛，法學家梅汝璈，經濟學家蕭蘧、蕭純錦，歷史學家姚名達、李平心、羅家倫（紹興人，生於進賢），新聞記者黃遠生，文學藝術家游國恩、夏敬觀、王禮錫、白采、傅抱石、龍榆生，音樂戲劇學家熊佛西、查阜西、程懋筠、謝壽康，邏輯學家吳士棟，生物學家楊惟義、盛彤笙，數學家傅種孫、曾炯，工程學家程孝剛，醫學家黃家駟，佛學家歐陽漸等等，也在各自研究的領域作出了富有重要影響的學術成就。

江西的教育在這時仍小有發展。一九四七年，全省設有九個學區，在初等教育方面，有國民學校及小學一萬八千九百三十五所，學生一百二十三萬二千八百二十五人；在中等教育方面，設有中學、師範、職業學校二百八十六所，有學生七萬六千三百五

十六人。[104]高等教育，在完成復員回遷城市後，繼續辦學，一九四七年，開辦了江西省立陶業專科學校、江西省立水利專科學校。到江西解放前夕，全省共有十一所高等院校，分別是國立中正大學、國立中正醫學院、江西工專、江西醫專、江西獸專、江西體專、江西農專、聯立信江農專、私立立風藝專、省立陶專、省立水專。[105]有學者研究指出，復員後政府急需大批專門人才，專科學校具有投資少、時間短、見效快的特點等，是這個時期江西專科學校發展速度較快的原因。而專科學校發展速度較快，又成為此時江西高等教育的「一個顯著的特點」[106]。但高等教育師資力量，因戰後人員流動、返回大城市等原因，較抗戰時期略有下降。

抗戰勝利後，城市出現一時的太平景象，上海文化向內地的影響繼續急速擴大。其中，既有高雅者，也有通俗者。江西作家熊佛西、石凌鶴等相繼在上海出版《鐵花》、《大英雄》等長中篇小說，畫家康莊一九四八年在南昌舉辦了漫畫展覽。省圖書館藏書較抗戰時的十一點三萬冊略有下降，僅為九點二萬冊。[107]社

---

104 江西省教育廳編印《江西省教育統計簡表》（1947 年 12 月），《中華民國史檔案資料彙編》第 5 輯第 3 編，教育（一），第 674-675 頁。
105 萬振凡、林頌華主編《江西近代社會轉型研究》，中國社會科學出版社 2001 年版，第 195 頁。
106 彭友德：《八十年來江西高等教育概況》，《江西文史資料》第 15 輯，第 106 頁。
107 《江西省文化藝術志》，新華出版社 1999 年版，第 42 頁、262 頁、379 頁。

會教育文化機關（如民教館、圖書館、體育場、科學館、健教會、電教處等）有二百七十四個，但平均職員不足三人（職員總數 699 人）。在南昌、九江等城市，黃色刊物流行，成為一個十分有趣的現象。當時有人記載，在九江，「書店既不多，生意又清淡。比較風行的是從上海運來的黃色刊物，每家文化供應社，雜誌公司，都大批的擺著。這些海派作風的刊物，為今日九江市民最歡迎的精神食糧。無論什麼時候，踏進書店，總是圍著大群的顧客，有錢的買回家去躺在床上看，沒錢的就站在書店裡讀，一班青年學生們都被麻醉，神魂也顛倒了。我不知道當局是否也曾注意到這些毒害青年腐化學生的刊物的無限制的發行」[108]。

## 三　人民生活

抗日戰爭後影響社會各界人民生活的主要問題，一是稅負，二是物價。

戰爭後數年，江西為應付日益嚴重的財政危機，對社會稅費的徵收，呈連年增加的趨勢。以一九四六、一九四七兩年為例，後一年增長率在八倍以上（未排除物價上漲因素）：[109]

108 《工商新聞》1946 年第 3 期，《江西近代貿易史資料》第 63 頁。
109 《江西省財政廳重要資料》，廳字第 20 號，《民國通志稿》，第 18 冊。

| 項目 | 1946 年 | | 1947 年 | | 以 1946 年為基期之指數 |
| --- | --- | --- | --- | --- | --- |
| | 納稅價值（元） | 百分比 | 納稅價值（元） | 百分比 | |
| 總計 | 106049149047 | 100 | 923570696629 | 100 | 8.71 |
| 田賦徵實徵借 | 60090469106 | 56.66 | 478490712502 | 51.81 | 7.96 |
| 保學谷 | 16771835437 | 15.82 | 145124424018 | 15.71 | 8.65 |
| 帶徵公糧 | 12385099194 | 11.68 | 138013186029 | 14.94 | 11.14 |
| 鹽稅 | 3202144930 | 3.02 | 51716664043 | 5.60 | 16.15 |
| 五種自治稅 | 7200000000 | 6.79 | 47643963408 | 5.16 | 6.62 |
| 貨物稅 | 3017239846 | 2.84 | 36007048502 | 3.10 | 11.93 |
| 直接稅 | 1253677055 | 1.18 | 14163882600 | 1.54 | 11.30 |
| 營業稅 | 1995975998 | 1.88 | 10794681802 | 1.17 | 5.41 |
| 契稅 | 132707463 | 0.13 | 1214770586 | 0.13 | 9.15 |
| 土地稅 | 401423139 | 0.04 | | | |
| 全省人口數 | 13000000 | 13000000 | | | |
| 平均每人負擔 | 8154 | 71044 | | | |

所有稅費，出自人民。稅費的增長，因此直接反映為人民負

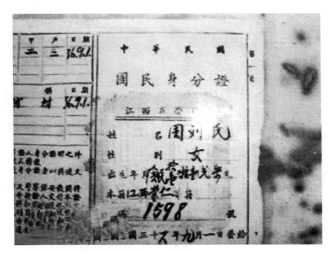

‧民國江西居民身分證（中國江西網）

擔的加重。一年之中，江西人民每人直接承擔的稅負，以貨幣數字計算增長達八倍有餘，可見其重。

　　為了歡慶抗戰勝利，紓解戰後農民的困難，國民政府行政院曾於一九四五年九、十月連續頒佈了三十四年度豁免田賦令和二五減租令，江西省在其範圍內。這是一項意圖使地主和佃農雙方減輕負擔的政策。與各省一樣，江西省田糧處對於田賦賦額並無確數，據當時估計，全省每畝土地的免賦額，上上田為一千八百八十元，上中田為一千六百八十元，上下田為一千四百七十二元；中上田為一千三百一十二元，中中田為一千一百五十二元，中下田為九百九十二元；下上田為八百三十二元，下中田為六百七十二元，下下田為五百七十六元。這一免賦的利益，由田主所得。但二五減租，則是田主讓利、佃農減負。這一年的所謂二五減租，即是減去租額四分之一。江西省政府得中央令後，曾於同

年十一月三十日通過《江西省各縣（市）二五減租實施辦法》，令各縣實施。當時江西的地租，居高不下。全省「租額最高為正產物總收穫量百分之八十，最低百分之十，普通為百分之四十至六十」[110]。但各縣以奉令時已超過普通繳租期間，不能如限辦理，因此省政府將其改為「佃農已照原租繳清本年地租者，業主應將減納數額返還佃農或抵交下年地租」，並將推行二五減租定為一九四六年度各縣縣長考績之一，省黨部也將其列為一九四六年度的一項中心工作。

減輕農民的租賦負擔，僅是勝利時的一個慰勞性措施，而不是一項固定性的政策，因此雖是好事，但成效不大。客觀地說，當時全省農村的租佃關係或者說地主與佃農的關係，已與戰前有較大的變化。變化的原因，主要是戰後「農村人力缺乏，且多有棄農就傭於都市者，因其獲利較耕田為多」，地主為了使其土地有人佃耕，遂「多有以種子、肥料、農具供給佃農或貸予食糧、耕牛者」[111]，只有在佃農欠租或抗租時，才終止租佃關係。但抗戰勝利後農村和農民的艱難，受到多種因素的制約，遠非一點臨時減租、優佃措施所能解決。有的實地調查報告指出，一九四七年時的江西農村狀況，「雖比較去年稍有進步，但一般農民食

110 《農林部關於浙贛鄂三省租佃制度及推行二五減租情形的調查報告》（1946 年），《中華民國史檔案資料彙編》，第 5 輯第 3 編，財政經濟（六），第 112 頁。
111 《農林部關於浙贛鄂三省租佃制度及推行二五減租情形的調查報告》，1946 年。

住，仍成問題，因抗戰期間，敵寇竄擾，壯丁損失甚大，焚燬房屋亦多，一時難復舊規……目前高利貸異常流行，賭風亦仍未盡絕，多以種天花為名聚眾賭博，此皆因鄉鎮保甲尚未能臻健全及教育低落所致，而缺乏領導人物，亦是重大原因」[112]。而日益飛漲的物價與日益加劇的徵兵、徵糧和征工，對農民生活的打擊，難以言喻。

從一九四六年開始，物價出現較抗戰時期更為劇烈的騰升。江西所需衣著百貨等日用品，主要來自上海，故全省物價，也主要受上海以及武漢的影響。上海漲風一起，立即波及江西。[113]物價飛漲的程度，以省政府統計處發佈的南昌市物價指數為例，可見一斑[114]：

・南昌市躉售物價指數（以 1937 年六月為 100）

| 年月 | 總指數（50 種物品平均） | 食物類（18 種物品） | 衣著類（9 種物品） | 燃料類（5 種物品） | 金屬類（4 種物品） | 建材類（5 種物品） | 雜項類（9 種物品） |
|---|---|---|---|---|---|---|---|
| 1945.12 | 76788 | 50681 | 129688 | 81234 | 108713 | 66475 | 85615 |
| 1946.12 | 605614 | 550400 | 887200 | 692614 | 678843 | 465370 | 517678 |
| 1947.6 | 2335833 | 2161110 | 3343000 | 1962727 | 3432500 | 1457200 | 2496778 |
| 1947.12 | 9509400 | 6823667 | 14875862 | 9420400 | 17724400 | 6768833 | 11225897 |

112 《熊遂報告鄉鎮狀況》，《江西民國日報》1947 年 4 月 15 日。

113 參見《江西省政府政情通訊》，第 13 號，1947 年 12 月；劉善初：《一年來之江西物價》，《工商知識》第 4 卷第 1 期。

114 詳見《民國江西通志稿》，第 26 冊，第 174 頁。

| 1948.8 | 500900000 | 435690000 | 790420000 | 400250000 | 654400000 | 399910000 | 561060000 |
|---|---|---|---|---|---|---|---|
| 1948.9 | 224.88 | 200.20 | 385.54 | 195.98 | 246.89 | 133.49 | 229.08 |
| 1948.12 | 3247.36 | 2572.76 | 5412.32 | 3422.08 | 5419.88 | 1995.08 | 3153.12 |
| 1949.2 | 102810 | 83884 | 39370 | 93726 | 168470 | 69904 | 119310 |
| 1949、3 | 470620 | 398680 | 655390 | 430030 | 543860 | 363350 | 53617 |

（說明：1948 年八月十九日實行幣制改革，以金圓卷取代法幣，金圓卷一元兌換法幣 300 萬元。此後物價以新幣金圓卷為單位計算，故指數數值與前不同。）

　　省政府也曾企圖管制物價，如曾組織省會評價委員會隨時調整各項物價，並密派經濟檢查隊嚴厲取締奸商的囤積居奇。[115]但在強勁的漲風面前，這些措施成效不大。當時有人指出，江西一九四七年的物價，真是天天漲樣樣漲，平均每月上漲百分之二十五點五，約每隔三個月便有一次大漲，「一月份的物價當戰前的六千六百九十倍，而至今年底已達九萬五千三百八十八倍，一年當中物價便上漲了十四點二六倍。易言之，十二月份一千四百二十六元只當得一月份一百元，一月份一百元如果擱置不用，留到十二月份只值得七分錢了！一月份四千元可以買一斗三機早米，到十二月份四千元只能買一升糙米。物價上漲之大，真是『太柏一夢，物異人非』」。「物價的狂漲，無情的週期性的衝擊著中國的每一個角落。」[116]這還只是一九四七年的情形，到一九四八年，情況繼續惡化。八月十六日，南昌市面已經開始使用五百萬

115　《江西省政府政情通訊》，第 13 號，1947 年 12 月。
116　劉善初：《一年來之江西物價》，《工商知識》第 4 卷第 1 期。

元面值的法幣大鈔。雖然同月實行幣制改革，用金圓券取代法幣，但沒過多久，金圓券即與法幣一樣，陷入令人恐慌的狂洩之中。

物價飛漲給社會各階層帶來沉重的生活壓力。大專院校的教職員原為收入較高的群體，但也難以應付飛騰的物價。早在一九四六年春，中正大學教職員即因南昌市生活必需品價格「幾占全國高峰」，雖經政府提高公教人員津貼，而實際收入

· 1948 年八月二十日實行幣制改革，圖力當時發行的金圓券票面樣本（《另一種目光的回望》）

微薄反過於前，以致「日食難支，徯蘇無望」，乃全體致電南京政府行政院院長宋子文，要求速予救濟。[117]南昌海員、刨煙業、米業、縫紉軍用服裝等業工人一九四七年曾因難以維生，發生多起罷工，最後經南昌市勞資評斷委員會評斷，由資方照生活指數相應增加工資。[118]一九四八年春對景德鎮瓷器工人生活狀況調

117 《國立中正大學全體教職員致行政院長宋子文電》，1946 年 3 月 4 日。原件存中國第二歷史檔案館。
118 《照生活指數調整工資》，《江西民國日報》1947 年 12 月 13 日。

查，物價高漲加劇了瓷工的痛苦，因不堪生活重壓被迫棄業，工人由十五萬人降到五萬人，進而引至瓷業益形衰落。[119]公務員也到了十分拮据的地步。一位縣黨部書記長給省黨部請求加薪的信，說得非常難過：「抗戰八年，民間疾苦已成空前未有之慘劇。勝利方臨，初期休養生息，相與更始，乃以農工凋敝，物價高漲，一月之間，增倍十百，若以年計，奚啻千萬！然農工商賈，尚可耕土貨販，自食其力，其最辛且苦者，在公務人員中，尤以黨工人員為甚。因過去底薪微薄，俸不滿百，低僅數十，縱使加成，計算所得，仍屬無幾，欲求活數口之家，其可得乎？」[120]作為執政黨的中層黨部工作人員，在飛漲的物價面前，已經叫苦連天，困於應付，難以養活數口之家，人民大眾的困難可想而知。

　　這個時期社會生活的困竭，從南昌的餐飲業也可得到反映。據一九四八年的一份資料記載，擁有二十六萬人口的南昌市，只有大小菜館、麵館、飯館一百二十六家，且生意十分艱難。像白宮、西線、江天、新雅等幾家大菜館，酒席多的日子可收入兩三千萬元，少時則僅有幾百萬元，平均每天不過千萬元，而其中成本需七百萬元，所賺三百萬除支付工錢、筵席捐、營業稅及電燈等雜費外，實際所得最多只有幾十萬元，也就夠三五個人像樣地

---

119 民國《江西通志稿》，第 19 冊，第 62-63 頁。
120 《吉水縣黨部書記長曾憲華請增加底薪以維生活致省執委會主委陳肇英函》，1946 年 7 月。原件存江西省檔案館。

吃一餐酒席而已。生意不好的原因，主要一是物價太高，人們無錢進館子消費；二是捐稅太重，「大館子的筵席捐，平均每天要付三十餘萬，小館子也要三四千元。營業稅一項，大館子每季須繳八九百萬，小館子在百萬以下，八十萬、六十萬、三十萬不等。於是老闆們為偷漏筵席捐與營業稅，哪一家館子都是備有兩本賬簿」，令稅務局傷透腦筋[121]。這種苦澀的現象，正是當時社會生活一個側面的深刻反映。

國民黨當局對保障民眾生活有所計議，但苦無良策，原先建立的《最低工資法》（1936年12月）、《評議工資實施辦法》（1946年6月）[122]等制度性機制，到這時也已形同虛設。物價飛漲、生活困苦，引發和加劇了社會民眾對政權的不滿，並最終成為國民黨統治垮台的一個重要因素。

---

121 鄒惠京：《南昌的館子業》，《江西民國日報》1948年1月27日。

122 《評議工資實施辦法》規定，評議工資由工資評議會參酌當時當地主要日用必需品（米、煤、油、棉布、糖）物價評議情形，作增減工資評議，報請當地政府長官核定；評議後如遇物價變動生活費用增加或減少過劇時，得重新評議。

## 第五節 ▶ 國民黨在江西統治的結束與人民政權 的建立

### 一 統治秩序的瓦解

一九四八年四月，南京政府改組江西省政府，派胡家鳳[123]出任省政府主席。胡家鳳是江西人，曾長期在江西省政府內從事政務工作，也是民國江西歷史上唯一的一任文人省主席。只是，這時國共戰爭中心已日漸南移，後方軍事戒備成為常態而日趨嚴密，社會處於風雨飄搖之中，人心不穩，統治秩序疾速瓦解。因此，胡家鳳出掌省政，實在是勉為其難。

一九四八年下半年，國民黨中央為求瞭解還在其治下的南方社會狀況，組織中央治安考察團進行考察。其中，以段高魁為組長、由九人組成的第三組考察江西后，對全省政治狀況有一個既全面又無奈的描述，最能說明問題，特引述其中一段如下：「贛省政治情形，一般言之，其政令之推行與政府控制能力，較之湘、桂兩省稍差，地方不安之因素雖多，但尚在潛伏時期，比之粵省之奸匪竟敢占地攻城、設卡抽稅、實施赤化之情形為好。省

---

123 胡家鳳（1886-1962 年），字秀松。南昌縣人。1912 年畢業於北京政法專門學校。歷任教育部主事，江西省教育廳長，中國大學、華北大學、北平大學等校教授，國民黨青島市、山東省政府秘書長。1940年應熊式輝邀請回贛，任省政府委員兼秘書長。抗戰勝利後能出任東北行轅主任時，他隨任東北行轅秘書長。1947 年當選為立法委員。1948 年 4 月出任江西省政府主席，一九四九年 1 月去職。同年 5 月去香港，次年去台灣。

縣各級工作人員，多屬十數年前熊主席時代所羅致之老幹部，但曩所提之快幹、硬幹、實幹建設新江西之口號，已成過去。省政府組織，設民、財、教、建四廳及秘書、會計、衛生、合作、社會、統計等六處，與地政、水利等局，組織龐大，待遇菲薄，行政效率減低，政令往往不能貫徹。縣政府組織雖奉令一再裁併，一等縣只設民、財、建、軍四科及會計、統計各室，與警察、教育等局，但其附屬機關單位極多，以贛縣為例，統計全縣工作人員計有一五八一名，警察及常備隊、公役計一三〇五名，合計全縣共有工作人員二八八六名之多，竭全縣之財力供應經常行政之支出，就感不敷，自屬無法興辦事業。贛縣如此，其他之縣份財力尚遠不及贛縣者可想而知。縣制實施結果，可謂百事俱舉，一事無成，非但不能為民興利，且適足以生弊。一般縣政首長平日作風，一言以蔽之，聯絡權紳應付省方，其全部工作，只在求徵兵徵糧之足額，算已盡到縣長責任，至兵之來源是否合理，田糧徵收貧富之間擔負是否平均，皆未遑過問。……其尤可慮者，乃地方惡勢力日漸增長，遇事把持，破壞政令，黨派鬥爭，普及農村，結黨成群，擁槍自私，幫會風起，腐惡同流。在鄉不法軍官與後方榮譽軍人，或目無法紀，橫行鄉里，或與奸匪勾結，肆行劫掠。」[124]

　　這段文字說明，江西各級政權名實不符，實際上已經失去了治理社會的能力，其統治秩序處於急遽瓦解中。

---

124 《中央治安考察團第三組（江西方面）報告書》，1948 年 12 月。

更進一步的是，省政當局不僅要應對政權自身的腐敗與墮落，還受到其治下其他社會階級、階層的尖銳挑戰，進而引起社會的全面失序。首先，一向被國民黨視為其社會基礎加以保護的地主階級，這時已不願聽命於政府當局。他們普遍地擁購槍枝，「把持地方，破壞政令，其政治活動能力，上自省府、中央，皆有人為之掩護。因此遇事要挾，甚至包辦三徵（徵兵、徵糧、徵工）從中漁利，或縱令部屬化裝行劫，暗中分肥，增購私槍，擴大勢力。政府明知之，亦未予追究」。這就是說，省政當局基本喪失控制能力，只得聽任地主階級胡作非為，而省府、中央都有人為之掩護，進一步助長著地主階級把持地方、破壞政令的氣焰。這種現象，是末世政權的一大典型表徵。

其次，幫會從一九四七年起趁機在江西快速發展，以致出現「全省各縣，上自政府官吏，下至地方士紳、販夫走卒，紛紛加入，一時幾有不入於紅則入於青之勢（引者註：分別指紅幫、青幫）」。最典型者，幫會滲入到黨政當權人員中，有的地方如第八專員公署，連公署保安副司令和第一科科長，也竟然就是所在地寧都幫會的一二把手[125]。江西當局雖一度曾以幫會激增、情形嚴重，下令取締[126]，但為時已晚，收效不大，經取締後，在吉

---

125 《中國國民黨寧都縣執行委員會致江西省執行委員會代電》，1947 年6 月 7 日。

126 國民黨對幫會組織先是採行掌握、利用政策，如江西省黨部 1947 年2 月下發《領導幫會與防止幫會組黨方案》，以「現時幫會分子，紛紛組黨，情況異常複雜」，要求各縣黨部「選派忠實黨員，領導其活動，加強在幫會中之黨團組織」。但到下半年，即因無法達到掌握幫

安、泰和、廣豐、寧岡、永新、豐城、清江、鄱陽、金溪、永豐、高安、宜黃等縣，「潛伏力量仍極嚴重」。幫會的氾濫，加劇了整個社會基礎動搖的程度。

土匪甚多也是這時期嚴重的社會問題。幾乎在全省各縣，都有土匪橫行的記載。顯著者，例如鄱陽縣，一九四六年起，在蓮花山、黃土坡、橫湧、梘田、響水灘一片，形成多個土匪山頭，他們以「保家自衛」為名，到處招騙良民百姓，誘人為匪，肆無忌憚地攔路搶劫，殘害無辜。農民被逼入夥者，有的地方達到驚人的程度，「如侯岡區黃土坡村十三戶，有十七人被逼入夥。地處鄱陽湖中的長山村，一百三十五戶有一百三十三戶參加了土匪組織」[127]。這種情況，也說明了窮苦農民因走投無路而鋌而走險的窘境。

再次，保安團隊對民眾的為害，加劇了社會的緊張和對立。江西一直擁有數量較大的保安團隊，這時全部官兵有一點六萬餘人，但戰鬥力甚差，「而且紀律不佳」，每次出發執行任務時，到處擾民，使「人民所受痛苦有較土匪之害為甚者」，引起社會民眾的普遍憤恨。花費了巨額經費極力擴充的各縣常備自衛隊和警察局，其風紀之劣、訓練之差和裝備缺乏，「更為局外人所難

會的目的，遂下令各地對其「嚴予取締」；到 1948 年時，則稱幫會為「幫匪」，出動保安團清剿，並規定「凡舉發幫匪素行不法有據者，即行拘捕究辦」（《中國國民黨泰和縣執委會致省執委會呈文》，1948 年 7 月 30 日）。

127 《波陽縣誌》，卷 11・司法，江西人民出版社 1989 年版，第 272 頁。

想像」。另一方面，保安團自衛隊也受到經費緊缺的困擾，以致於傷亡者所得的撫卹，有時還買不到兩隻母雞，不少傷殘官兵因「無力給以充分養老金，每多流為乞丐」[128]。顯然，省政當局連最基本的治安力量也已無力供養。

儘管省政府也還在或認真或應付地辦理一些公文，如一九四八年十月分別向內政部、國防部呈送《第十六綏靖區專員縣長執行綏靖政務考核獎懲辦法》，這個辦法引起了行政院的注意，當年十二月行政院制定公佈了《綏靖區司令部、行政公署對轄區（專員）縣長執行綏靖政務考核獎懲辦法（草案）》，基本上採納了江西的辦法[129]；同年，江西也完成並上報了內政部佈置的戶口清查和保甲填報的工作，是完全遵命辦理的十餘省市之一。但是，文牘不能代表治績。當時，江西省參議會致電蔣介石說：「建設多阻，民生困難，社會紛擾，經濟動盪，以致國家元氣受盡摧殘，人心益形渙散」，「江南各省迄及川滇，星火之患，亦時有所聞，劫殺之慘，數見不鮮，且打風瀰漫，遍及各地」[130]。這倒是比較大膽而又真實地反映了包括江西在內的南方各省的實情。國民黨的統治，確實已經到了難以為繼的地步。

---

128 《中央治安考察團第三組（江西方面）報告書》，1948 年 12 月。

129 詳見《中華民國史檔案資料彙編》第 5 輯第 3 編，政治（二），第 271-276 頁。

130 《江西省參議會議長王枕心致國民政府主席蔣介石代電》，1948 年 7 月 23 日。

## 二 方天的撤逃與全省的解放

一九四九年一月，南京政府任命方天接替胡家鳳，出任江西省政府主席。胡家鳳在任才九個月即被撤換，是此前民國年間擔任江西省主席職務最短的一位。方天也是江西人[131]，時任國民黨長沙綏靖公署副主任兼南昌指揮所主任。這次同時調換江西、台灣、福建、廣東等地的省主席與軍事長官，是蔣介石實施「備戰言和」決策，在退隱浙江溪口之前為控制軍政實權而採取的一項重要措施。

這時，人民解放軍在取得三大戰役戰略決戰的勝利後，已以大軍兵壓長江。蔣介石意圖利用長江天險阻擋人民解放軍的南進，遂將從湖北宜昌到上海的長江防線，以江西湖口為界劃為東西兩個戰區，西戰區為湖口以西到宜昌，由華中軍政長官公署長官白崇禧指揮，轄十五個軍約二十五萬人，其中九江駐有夏威兵團，南昌、長沙為其機動和依託地區；湖口以東至上海為東戰區，由京滬杭警備總司令湯恩伯指揮，轄二十五個軍約四十五萬人，浙贛鐵路及浙東為其機動和依託地區，駐有七個軍。同時，

---

131 方天（1902-1991年），字天逸，江西贛縣人。早年從軍。畢業於黃埔軍校第二期、陸軍大學第十一期。歷任國民革命軍排、連、營、團、師長，第十八軍、五十四軍軍長，第十一、二十集團軍副總司令，軍政部軍務署署長，國防部第五廳廳長、參謀次長、第一陸軍訓練處處長，長沙綏靖公署副主任。抗戰時期因在鄂西會戰中有功曾被授予青天白日勳滋。1937年授陸軍少將，1948年晉中將。從江西敗退台潰後，曾任「國安會國防計劃局」副局長，「國家總動員委員會「副主任委員，「國民大會」主席團成員，國民黨中央評議委員等。

蔣介石還成立了十二個編練司令部，專門負責擴軍，其中，江西方面有駐上饒的第二編練司令部，以胡璉為司令，新編第十、十八、六十七等三個軍（該部隨即被編為第十二兵團，胡璉任司令官）；駐贛州的第三編練司令部，以沈發藻為司令，新編第二十三、七十等兩個軍（該部隨即被編為第十三兵團，沈發藻為司令官）。由此，江西成為溝通國

·江西省政府主席方天（台灣容鑑光先生提供）

民黨軍東、西兩大集團以及長江防線與東南、華南聯繫的樞紐，在國民黨蔣介石的戰略佈局中，具有舉足輕重的地位。這也是蔣介石以武將換文人出主贛政的重要原因。

　　方天是江西繼熊式輝之後，第二個集省黨政軍大權於一身的省主席。他受命指揮胡璉、沈發藻兩部及江西保安團三個旅（6個團），由於胡、沈兩部主要由江西壯丁組成，當時正在收集之中，所以並沒有多大的戰鬥力。同時，方天身兼國民黨江西省黨部主任委員、省保安司令、省民防司令等數職。二月十一日，他在省參議會會議上，提出治贛七大方針，宣稱要肅清貪官污吏，剷除土豪劣紳，確立用人標準，充實教育，發展生產，改善捐稅徵收，實行民主主義。其後，又以省政府的名義，發佈了限制地主多占土地和扶植自耕農的土地改革方案，取締幫會組織和械鬥的禁令。這些方針、方案和禁令，頗有些革新時政的意味，表明

他在國民黨政權臨近崩潰之際，還企圖有所補救。方天對「省縣各級工作人員多屬十數年前熊主席時代所羅致之老幹部」，以及弊端叢生的省政也相當不滿，因而大動干戈，在為政僅僅三個月的時間中，「所有省政府委員、專員、縣長等職，被調換者在四分之三以上」，是熊式輝之後的幾任省主席中，唯一敢於打破熊氏盤根錯節的舊規制的人。因此，他也遭到了相當猛烈的攻擊，在他南逃廣東後，逃居重慶的江西幾個國大代表即對他大加抨擊，指斥其所任用人員「不問賢否，唯圖一己派系之安插，狹隘徇私，莫此為甚」，「一味排除異己，圖飽私囊，所有就職時肅清貪污，任用唯賢之煌煌文告，實已等同具文」[132]，進而要求閻錫山為院長的行政院將其撤職懲辦。

在國民黨不可逆轉的潰敗大勢下，方天即使有整理政權之心，也無回天之力。一九四九年四月二十日，南京政府拒絕在《國內和平協定》上簽字後，人民解放軍在以鄧小平為書記的總前委指揮下，按中央軍委指示，當晚在千里長江發起渡江戰役，譚震林指揮中突擊集團，一舉突破安慶、蕪湖間敵軍防線。次日，粟裕、劉伯承指揮東、西突擊集團分別渡江。二十二日，西突擊集團第二野戰軍突破長江要塞江西馬當至安徽貴池段防線越過長江，第四兵團第十三軍第三十七師攻占彭澤。當天下午，蕪湖以西的國民黨部隊向浙贛線全線潰退。第二野戰軍與堅持邊區

---

132 《江西國大代表劉宜廷等請予撤懲江西省政府主席方天致行政院電》，一九四九年 9 月 10 日。

游擊戰爭的楊明、倪南山皖浙贛支隊以及閩浙贛縱隊勝利會師，隨即多路並進，直逼進賢至義烏的千里浙贛線。其中，第四兵團在陳賡司令員兼政委指揮下，向樂平、橫峰、弋陽、上饒、貴溪一線挺進，第五兵團在楊勇司令員、蘇振華政委指揮下，進軍景德鎮、德興、玉山、婺源及浙江。到五月上旬，兩個兵團解放了贛東北及南城等廣大地區，控制了浙贛線的義烏至東鄉段，截殲逃敵十餘萬人，敵劉汝明、侯鏡如兩兵團殘部逃往福建，協防的胡璉、沈發藻兩兵團退往贛南。至此，二野切斷了敵湯恩伯、白崇禧東西兩大集團的聯繫，為第三野戰軍進軍上海和第二野戰軍進軍南昌創造了有利條件。

五月十四日，第四野戰軍先遣部隊第十二兵團在司令員兼政委蕭勁光指揮下，從湖北團風至武穴渡過長江。白崇禧率大部隊撤離武漢，源源經贛北、鄂南退至贛湘桂地區。夏威兵團由九江退南昌。十七日，贛北重鎮九江獲得解放。

早在人民解放軍尚未渡江作戰前，江西軍政當局即已開始進行「應變」準備。四月五日，方天主持召開會議，傳達並研究「積極佈置地下組織，以資應變」[133]等問題。四月十九日，他再次主持省黨部第三十八次執委會議，虛張聲勢地通過所謂江西省黨務改進要點，實則重點「審核並調整各級幹部」，「重建各級

---

133 《中國國民黨江西省第七屆執行委員會第三十七次會議記錄》，1948年4月5日。存江西省檔案館。

‧一九四九年五月二十二日二野四兵團十三軍三十七師進入南昌。圖為當時繳
　獲的汽車（《中國共產黨江西歷史圖志》）

組織」，「更換縣區黨部人事一批」<sup>134</sup>，從而為敗退和應變做準備。另外，方天受國防部指派，還負責指揮胡璉、沈發藻兩個兵團和江西三個保安旅承擔江西防務。人民解放軍進軍贛東北後，四月二十九日，江西省政府停止辦公，各機關開始搬遷南撤。五月五日，方天率省政府及部隊退至吉安，並受命擔任「確保贛江、掩護武漢大軍向株、長安全轉進」及其後策應長沙、衡陽會

---

134 《方主委決心整理黨務昨通過改進要點》，《江西民國日報》一九四九
　　年 4 月 20 日。據 1950 年 5 月 19 日邵式平《省政府近一年來施政工作
　　報告》記載，南昌解放後的一年間，全省破獲敵特、政治土匪及其核
　　心外圍 225 起，捕獲特務分子 2478 人，繳獲電台 12 部。至於武裝土
　　匪，則人數更多。可見國民黨敗退前佈置的「地下組織」規模不小。

戰的任務[135]。南昌防務交由從九江退來的第十兵團兼第八綏靖區司令官夏威接替。旋因夏威限令南昌市政府三天內繳交軍費五萬銀元，南昌市長伍季山被迫帶家屬逃走，全市各機關團體隨之紛紛解散[136]。

國民黨敗退前，一方面利用軍警實施戒嚴，發佈「十殺令」，宣稱對有「通匪濟匪」、「造謠惑眾」、「抗稅抗糧」等十種行為之一者殺無赦，使南昌市和全省籠罩在極度恐怖之中。另一方面，則對全省社會經濟進行了嚴重的搶掠破壞，造成「浙贛與南潯兩路完全不通，橋被破壞者達百分之二十五，路線被阻斷者達百分之九十五，車輛被撤走者達百分之九十五，被破壞的輪汽船就有三十九只，公路和航務的器材，幾乎全被破壞或帶走，城鄉關係、省內外物資交流陷於停頓，市場蕭條，工廠大部停工」[137]。此外尚有土匪擾亂、特務破壞，等等。這種惡劣的經濟社會狀況，也給解放軍的進軍增加了很大的困難。

五月十六日，擔負配合人民解放軍四野主力進軍中南地區任務的二野第四兵團，開始由浙贛線西移南昌。同日，陳賡鑒於解放軍大軍雲集之勢，「攻占南昌已如探囊取物」，「決定以一個師占領南昌」[138]，遂令所部第三十七師從貴溪出發，強渡撫河，解

135 《國防部關於核查江西省主席方天不戰而逃案呈行政院院長閻錫山函》，一九四九年 10 月 5 日。抄件存江西省檔案館。
136 《南昌市志》，第 5 冊，第 133 頁。
137 范式人：《一年來的財政經濟工作在全省首屆各界人民代表會議上的報告》，1950 年 8 月 29 日。原件存江西省檔案館。
138 《陳賡日記》，戰士出版社 1982 年版，第 216 頁。

放南昌；在臨川地區停止待命的第十四軍推進至樟樹，截敵逃路。十九日，三十七師師長周學義、政委雷起云率部冒雨向南昌輕裝疾進，兩晝夜抵達城郊，前衛團於二十一日晨渡過撫河，逼近南昌。夏威兵團二個師約一萬餘人頑強阻擊解放軍的進攻，發生激戰，「不到兩小時，敵我雙方傷亡均在三百人以上」，南北安沖和板溪李村陣地「淹沒在一片火海中」[139]。第三十七師先後擊退敵軍八次反攻，最終擊潰了敵軍的防守。中共南昌城工部和民盟、農工黨等民主黨派，為配合解放南昌，努力地進行了護廠護校、維持秩序和策反保安團隊的工作。二十二日，國民黨軍炸燬中正橋（解放後修復時更名為南昌八一大橋），棄城西逃，南

・南昌人民歡迎人民解放軍進入南昌（《中國共產黨江西歷史圖志》）

昌宣告解放。二十三日，解放軍第四兵團政治部率第三十七師舉行雄壯的入城式，進入南昌。六月三日下午，南昌市五萬軍民彙集人民體育場，舉行歡慶大會，慶祝省會南昌的解放。大會鳴炮三十六響，各界代表紛紛演

139 周學義：《強渡撫河，解放南昌》，《紅土地的曙光》，中國文史出版社 1990 年版，第 38 頁。

講，會後繼續進行火炬大遊行，盛況空前。八日，二野四兵團與四野十五兵團在南昌勝利會師。

陳賡司令員進入南昌市，站在一九三三年曾與蔣介石嚴詞交鋒，「幾致使蔣無法下台」的南昌百花洲圖書館，眺望著剛剛獲得解放的南昌城，情不自禁地生發出無限的興奮和感慨。這是陳賡繼一九二七年參加北伐戰爭、八一起義和一九三三年被捕押送南昌之後第四次進入南昌城。他在日記中寫道：「街市較十數年前，確為繁華」，「這次則以勝利者姿態來此。前三次，或為亡命客，或者站不住，或為階下囚，但均表現了我黨之艱苦奮鬥。無有前三次，則無今日人民之光榮。」[140]陳賡客觀地記述了南昌當時的景象以及中國革命的艱難行程。

為了殲滅實力尚存的白崇禧集團和解放中南各省，四野大部

· 南昌解放時的中正路（解放後更名為勝利路）（易宜曲編著《江西省》，新知識出版社 1955 年版）

隊開始進行南下作戰。七月八日，林彪、鄧子恢指揮四野第十二、十五兵團和二野第四兵團共十個軍約四十三萬人，沿株萍路發起湘贛戰役。白崇禧餘部逃向湘南，擔任牽制解放軍二野部隊任務的方天，被逃至廣州的國防部認為「能確實掩護華中大軍側背之安全」，隨之也率部從吉安地區退至贛州。至此，贛西、贛西北廣大地區得到解放，江西境內只剩贛南一地為國民黨所占據。

七月下旬，四野第十五兵團第四十八軍在兵團副司令員兼軍長賀晉年、政委陳紅麒率領下，奉命進軍贛南，截斷白崇禧集團逃往廣東的退路。這時，方天已將省政府遷於贛州，再兼江西省綏靖總司令，指揮沈發藻兵團的兩個軍和江西的三個保安旅，據守贛南地區；胡璉兵團駐守粵北蕉嶺、梅縣地區，按國防部令企圖「確保贛州，不得已時退防大庾嶺，並以三南為後方，掩護粵北大軍集中」，協防粵北[141]。二十七日，解放軍第四十八軍從吉安地區分兩路進軍，以一個師經遂川直插南康，切斷敵軍入粵通道；以兩個師沿贛江挺進，準備於八月上旬圍殲贛州方天所部[142]。方天察知解放軍動向，即率省政府及其軍隊再度南逃，江西省政府八月三日由贛州逃至會昌縣城，十日再遷會昌筠門嶺，十九日逃尋烏縣吉潭，二十三日離開江西，逃至粵東梅縣，二十

---

141 《國防部關於核查江西省主席方天不戰而逃案呈行政院院長閻錫山函》，一九四九年 10 月 5 日。

142 賀晉年：《贛南最後一役》，《紅土地的曙光》，第 53-59 頁。

六日再由梅縣移往汕頭。**143**不久，方天率沈兵團及江西保安旅去台灣，胡兵團在其後的海南島戰役中一部被殲、一部也轉去台灣。

解放軍在贛南進行解放江西的最後作戰。八月十四日，解放贛州市。隨後，在劉建華等指揮的粵贛湘邊人民解放總隊第六支隊的配合下，持續追擊、橫掃贛南的殘餘敵軍及國民黨地方政權，並曾深入粵北，殲敵一萬多人。八月二十三日，土地革命時期的紅色首都瑞金回到人民手中。九月二十三日，攻克寧都翠微峰，活捉國民黨江西第八區行政專員兼豫章山區綏靖司令黃鎮中。三十日，解放石城，結束了解放江西的最後的作戰。至此，江西全境均獲解放，國民黨在江西二十二年的統治，完全結束。

人民解放軍在江西境內的進軍，有如摧枯拉朽，所向披靡。解放軍在江西的作戰，得到了劉建華等領導的粵贛湘邊區人民解放總隊第六支隊（贛南支隊）、倪南山等領導的皖浙贛支隊、曾鏡冰等領導的閩浙贛縱隊、蔡敏等領導的中共湘贛邊區工作委員會、李健等領導的中共南昌城市工作部等中共城鄉地下組織和多支人民武裝的積極協助，受到廣大人民群眾的熱情支持。江西的中國民主同盟、中國國民黨革命委員會、農工民主黨等民主黨派和工商界人士，也為迎接解放作出了貢獻。

143 《江西留渝國大代表劉宜廷等補陳江西省政府主席方天劣跡請予查辦致行政院電》，一九四九年 11 月 22 日。

## 三　南昌軍管會與全省人民政權的建立

一九四九年六月六日，按照中國人民革命軍事委員會的命令，「為著保護南昌全體人民的生命財產，維護社會安寧，確保革命秩序，恢復與發展生產起見」，成立南昌軍事管制委員會。軍管會是南昌「軍事管制時期的權力機關，統一全部軍事、政治、經濟、文化等管制事宜」，由陳正人等十一人組成，陳正人為主任，陳奇涵、邵式平為副主任[144]。南昌軍管會隨即成立了由陳奇涵兼司令員、陳正人兼政委的南昌警備司令部，鄧飛、陳南生為正副市長的南昌市人民政府以及軍政、物資、交通、文教、公安等接管部。在南昌之前解放的景德鎮、九江，以及之後解放的吉安、贛州等地，也成立了軍管會。按照中共中央的指示，開展有組織、有系統、自上而下、原封不動的接管，按行政區劃和系統逐級進行接管，把國民黨軍政人員包下來，財政經濟和文化系統所有在職員工一律留用，「三個人的飯，五個人匀著吃，房子擠著住」[145]，在很短的時間裡，順利地接管了江西省和南昌等地的政權[146]。軍管會的工作，為人民政權的成立做了必要的準

---

144　《南昌市軍事管制委員會佈告（軍字第一號）》（一九四九年 6 月 6 日），江西省委黨史征委會編《江西黨史資料》第 32 輯（江西城市接管與社會改造專輯），中央文獻出版社 1995 年版，第 27-28 頁。

145　邵式平：《省政府近一年來施政工作報告》，1950 年 5 月 19 日江西省人民政府委員會第一次會議通過。

146　詳見《解放初期對在南昌舊政權的接管》，《江西黨史資料》第 32 輯第 159-167 頁。該文較詳細地記載了二野四兵團的臨時接管和南呂軍管會的接管工作，指出接管省市舊政權 449 個機構和安置舊職人員的工作於一九四九年 7 月順利完成。

備。

　　全省人民政權的建立，隨著省境的逐次解放而逐漸推進。早在解放大軍發起渡江戰役之前，中共中央即已預先從解放區調集幹部隨軍南下，為南方新解放區建立人民政權做好了準備。解放軍進入江西后，來自華北、東北和山東解放區的六千餘名幹部，組成南下工作團隨軍跟進。南下幹部預先已被任命相應的職務，組成一地或一縣的黨政軍領導班子，隨軍前進「到哪個縣就接管哪個縣」，一般都是先軍管，再正式建立當地黨政軍機構，展開政權工作[147]。這種形式，有效地保證了剛解放地域社會秩序的迅速穩定和社會生活的正常運轉。江西的縣級政權，絕大部分按照這種形式建成，也有一小部分地方，如贛東北的婺源、德興等縣和贛南的一些縣，則是先由人民解放支隊組建的。六千多名南下幹部，構成江西人民政權的骨幹隊伍，他們在新中國成立後長時間發揮著作用，與江西地方幹部一起，為建設新江西做出了重大貢獻。

　　與獲得解放區域建立地、縣級人民政權的同時，省級人民政權的組建也迅速進行。中共中央抽調早年參加革命的江西籍高級軍政幹部，組建了江西省省級領導機構。六月十六日，江西省人民政府發出第一號佈告，宣告奉中國人民革命軍事委員會命令，成立江西省人民政府並於即日視事；省人民政府「當奉行中國人民革命軍事委員會的約法八章和中國共產黨的一切政策，迅速安

147　張玉環：《在接管貴溪的日子裡》，《紅土地的曙光》，第25-26頁。

第八章・國民黨在江西統治的結束

829

定秩序，積極發展生產，努力支援前線，為解放全省和建設新民主主義的江西而奮鬥」[148]。省人民政府由邵式平任主席，范式人、方志純為副主席。省政府下設六廳，以「云青為秘書長，李傑庸為副秘書長。方志純兼民政廳長，鐘平為副廳長。彭加倫為教育廳長，呂良、艾寒松為副廳長。趙發生為工商廳長，袁誠賢為副廳長。鄧洪為建設廳長。牛蔭冠為財政廳長，梁達山為副廳長。陳泊為公安廳長，朱明為副廳長」[149]。十九日，中國共產黨江西省委員會接續成立。中共江西省委由陳正人、范式人、楊尚奎、陳奇涵、邵式平五名委員（不久改稱常委）組成，陳正人任書記，范式人、楊尚奎任副書記。二十五日，以陳奇涵為司令員、陳正人為政委，楊國夫、賀慶積為副司令員、彭嘉慶為副政委的中國人民解放軍江西省軍區，也在南昌宣告成立。陳、邵、陳、楊、方等省黨政軍領導人，在土地革命戰爭時期，即是江西革命根據地的創建者和省級黨政領導人，他們熟悉本省的風土人情、歷史現狀，在抗日戰爭和解放戰爭時期，又進一步積累了治黨、治政和治軍的經驗。他們回贛主持全省黨務、政務和軍務，對江西省人民政權的順利建立和新舊社會的轉軌變型，是一個重要的便利條件。

---

148 1949 年 4 月 25 日，中國人民革命軍事委員會主席毛澤東、中國人民解放軍總司令朱德簽署頒佈《中國人民解放軍佈告》，宣佈約法八章。內容詳見《毛澤東選集》，第四卷，人民出版社 1991 年版，第 1457-1459 頁。

149 《江西省人民政府佈告（政字第一號）》，一九四九年 6 月 16 日。

剛成立的省人民政府以極大的努力，進行了建立和穩定社會秩序、恢復和發展生產、支援解放大軍進軍西南等各方面的工作。據創辦不久的《江西日報》九月六日報導，全省行政區劃也已正式確定。省政府將全省行政區域，劃分為一個省直轄市（南昌市），九個專員公署（南昌、九江、袁州、撫州、吉安、贛州、瑞金、樂平、上饒），五個專署管轄市（九江市、撫州市、吉安市、贛州市、景德鎮市），八十二個縣[150]。全省人口這時共有一千二百五十三萬人。到一九四九年九月底，全省各市縣人民政權已全部成立。人民民主政權體系，在江西全省順利建立起來。

---

150 轄區劃分為：省直轄市南昌市；南昌專署，轄南昌、豐城、高安、新建、進賢、清江、奉新、新幹、安義、靖安等 10 縣；九江專署，轄九江市及瑞昌、武寧、九江、永修、星子、德安，修水、湖口、彭澤、都昌等 1 市 10 縣；袁州專署，轄宜春、萬載、萍鄉、宜豐、分宜、新余、銅鼓、上高等 8 縣；撫州專署，轄撫州市及臨川易；仁、南城、樂安、黎川、南豐、宜黃，金溪、資溪等 1 市 9 縣；吉安專署，轄吉安市及吉安、吉水、泰和、遂川、永新、萬安、安福、蓮花、峽江、寧岡，水豐等 1 市 11 縣；贛州專署，轄贛州市及贛縣，龍南，大庾（余）、信豐、南康、上猶、尋烏、安遠、崇義、全南，定南等 1 市 11 縣；瑞金專署（同年 9 月 13 日改稱寧都專署），轄寧都、會昌、興國、于都、瑞金、石城、廣昌等 7 縣；樂平專署（同年 10 月 5 日改稱浮梁專署），轄景德鎮市及樂平、德興、萬年、餘干、鄱陽、浮梁、婺源等 1 市 7 縣；上饒專署，轄上饒、玉山、飛陽、橫峰、鉛山、廣豐、東鄉、餘江、貴溪等 9 縣。

後記

　　聽著窗外悅耳的啾啾鳥鳴，我鍵入書稿的最後一個字符，不免長長地舒出一口氣。寒暑數載，殫精竭慮，終於寫完了多卷本《江西通史》中的民國卷。這心情，就像鳥鳴一樣，著實歡快。

　　自然，與許多學者一樣，這心中充溢的，除了書稿告成的喜悅，更多的還是感激。我感謝《江西通史》編委會，在他們的邀約下，使我有了寫作本書的機會。感謝張憲文教授和溫銳教授，根據編委會每卷均應約請兩位著名專家審稿的統一要求，著名中華民國史專家、南京大學中華民國史研究中心主任張憲文教授，撥冗審讀書稿，指點修改；江西財經大學經濟史研究所所長溫銳教授，也放下手中研究，審讀書稿並提出意見。感謝《江西通史》編委會和江西人民出版社審讀書稿的各位專家，他們是：九三學社中央副主席邵鴻教授，江西省博物館原館長彭適凡研究館員，江西省廣播電視大學副校長兼江西師大文旅學院院長方志遠教授，江西省文化廳文物局局長孫家驊先生，江西人民出版社原社長林學勤編審，江西人民出版社副社長、副總編輯游道勤編審。他們對書稿中的不足不妥之處，提出了寶貴的意見。所有這些意見，對於全書的修改都很有幫助。

本書寫作過程中，利用了中國第二歷史檔案館、江西省檔案館、江西省圖書館、台灣中國國民黨黨史館、台灣中研院近代史所檔案館、江西省社會科學院圖書館、中國社會科學院超星圖書館等處的館藏資料，利用和吸收了省內外學界師友、同仁的研究成果。九三學社中央副主席邵鴻教授，南昌大學黃志繁教授，江西省社會科學院陳榮華研究員、余伯流研究員、鄒耕生副研究員、樊賓處長、胡迎建研究員、馬雪松研究員等，江西省政協曾糧副秘書長，江西省委黨史研究室周少玲同志，南京大學中華民國史研究中心姜良芹博士，江西省方志辦周惠副主任，曾先後惠送或借閱有關書籍、資料。這些資料和著作，充實了我的撰著。《江西通史》編委會辦公室的同志，江西省社會科學院科研處、辦公室、圖書館、行政處和當代江西研究所的許多同志，在工作服務、時間安排和個人幫助等方面，給予了大力的支持。妻子李巍為使我專心寫作，盡力幫助整理前期資料和承擔許多家務。所有這些單位、同志的關心和支持，都讓我感動，謹在此向他們表示衷心的謝意！

民國江西史的研究，起步不久，研究空間可謂廣大，正呼喚有更多的學者投入其中，以期推出更多更好的研究成果。從這個角度上說，本書僅僅是一塊引玉之磚。誠懇地希望學界同仁的批評和交流。

作者

二〇〇六年六月十八日

於南昌市青山湖畔無喧樓

主要

參考文獻

# 一 檔案文獻資料

中國第二歷史檔案館藏有關民國江西的檔案

江西省檔案館藏有關民國江西的檔案

江西省圖書館藏有關民國江西的文獻資料

台北中國國民黨黨史館藏有關民國江西的檔案

台北中央研究院近代史所藏有關民國江西的檔案

中央檔案館編：《中共中央文件選集》，中共中央黨校出版社 1983 年版

中國第二歷史檔案館編：《中華民國史檔案資料彙編》第一輯，江蘇古籍出版社 1979 年版

中國第二歷史檔案館編：《中華民國史檔案資料彙編》第二輯，江蘇古籍出版社 1991 年版

中國第二歷史檔案館編：《中華民國史檔案資料彙編》第三輯，江蘇古籍出版社 1991 年版

中國第二歷史檔案館編：《中華民國史檔案資料彙編》第四

輯，江蘇古籍出版社 1989 年版

中國第二歷史檔案館編：《中華民國史檔案資料彙編》第五
輯，江蘇古籍出版社 1997 年版

國民黨中央黨史委員會編：《革命文獻》，台北中央文物供
應社經銷版複印本

中共中央黨校中共黨史教研室編：《中國國民黨史文獻選編
（1894-1949）》，1985 年內部印行

中國第二歷史檔案館編：《蔣介石年譜初稿》，檔案出版社
1992 年版

杜春和等編：《北洋軍閥史料選輯》，中國社會科學出版社
1981 年版

中國第二歷史檔案館等編：《護國運動》，江蘇古籍出版社
1988 年版

方慶秋主編：《中國民主社會黨》，檔案出版社 1988 年出版

方慶秋主編：《北洋軍閥統治時期的黨派》，檔案出版社
1994 年版

中國第二歷史檔案館編：《善後會議》，檔案出版社 1985 年
版

中央檔案館編：《北伐戰爭》，中共中央黨校出版社 1981 年
版

《四一二反革命政變資料選編》，人民出版社 1987 年版

李桂林等編：《中國近代教育史資料彙編・普通教育》，上
海教育出版社 1995 年版

陳學恂、田正平編：《中國近代教育史資料彙編・留學教

育》，上海教育出版社 1991 年版

　　江西省社會科學院歷史所、江西省圖書館編：《江西近代貿易史資料》，江西人民出版社 1987 年版

　　江西省社會科學院歷史所、江西省圖書館編：《江西近代工礦史資料選編》，江西人民出版社 1989 年版

　　中共江西省委黨史徵集委員會編：《江西黨史資料》，1-36 輯

　　中央檔案館、江西省檔案館編：《江西革命歷史文件彙集》，1923-1934 年各冊，1986 年內部印行

　　南昌八一起義紀念館編：《南昌起義》，中共黨史資料出版社 1987 年版

　　井岡山革命根據地黨史資料徵集編研協作小組等編：《井岡山革命根據地》，中共黨史資料出版社 1987 年版

　　江西省檔案館編：《井岡山革命根據地史料選編》，江西人民出版社 1986 年版

　　江西省檔案館選編：《湘贛革命根據地史料選編》，江西人民出版社 1984 年版

　　《湘贛革命根據地》黨史資料徵集協作小組編：《湘贛革命根據地》，中共黨史資料出版社 1990 年版

　　中共福建省委黨史研究室等編《閩浙皖贛革命根據地》，中共黨史出版社 1991 年版

　　湖南、湖北、江西省檔案館等：《湘鄂贛革命根據地文獻資料》，人民出版社 1985 年版

　　江西省檔案館等編：《中央革命根據地史料選編》，江西人

民出版社 1982 年版

盧山軍官訓練團編：《盧山訓練實紀》，江西全省印刷所代印

國民黨中央黨史會編：《中華民國重要史料初編——對日抗戰時期》，緒編

中國第二歷史檔案館編：《抗日戰爭正面戰場》，江蘇古籍出版社 1987 年版

武月星、楊若荷編：《中國現代史資料選輯》第五冊（1937-1945），中國人民大學出版社 1989 年版

江西各界民眾抗敵後援會編：《江西省各界民眾抗戰史料》，第 1 輯

中國第二歷史檔案館編：《汪偽政府行政院會議錄》，中國社會科學院超星圖書館

彭澤益：《中國近代手工業史資料》，第二卷，三聯書店 1957 年版

章有義：《中國近代農業史資料》，第二輯，三聯書店 1957 年版

陳真等《中國近代工業史資料》，三聯書店 1961 年版

《申報年鑑》，1935 年，台北文海出版社《近代中國史料叢刊》，第 98 輯

江西省政府統計室編：《江西年鑑》，1936 年出版

江西省政府統計室編：《江西省農業統計》，1939 年編印

南昌中國銀行編：《江西經濟調查》（郵印成書約在 1946 年）

全國政協文史資料研究委員會編：《文史資料選輯》

江西省政協文史資料研究委員會編：《江西文史資料選輯》

南昌市政協文史資料研究委員會編：《南昌文史資料選輯》

## 二 著作

《毛澤東選集》，人民出版社 1991 年版

逢先知主編：《毛澤東年譜》，人民出版社、中央文獻出版社 1993 年版

金沖及主編：《毛澤東傳（1893-1949）》，中央文獻出版社 1996 年版

《周恩來選集》，人民出版社 1980 年版

金沖及主編：《周恩來傳》，中央文獻出版社 1998 年版

中共中央文獻研究室編：《周恩來年譜 1898-1949》（修訂本），中央文獻出版社 1998 年版

《朱德選集》，人民出版社 1983 年版

廣東省哲學社會科學研究所歷史研究室等編：《孫中山年譜》，中華書局 1980 年版

徐輝琪編：《李烈鈞文集》，江西人民出版社 1988 年版

《方志敏文集》，江西人民出版社 1999 年版

《雷潔瓊文集》，開明出版社 1994 年版

杜毅、杜穎編註：《還我河山——杜重遠文集》，文匯出版社 1998 年版

《蔣經國先生全集》，台北，新聞局 1991 年版

中國社會科學院近代史研究所中華民國史研究室編：《中華

民國史資料叢稿・大事記》，中華書局版

　　朱匯森主編：《中華民國史事紀要》，中華民國史料研究中心版

　　胡繩：《從鴉片戰爭到五四運動》，上海人民出版社 1982 年版

　　張憲文主編：《中華民國史綱》，河南人民出版社 1985 年版

　　李新主編：《中華民國史》，第一編全一卷：《中華民國的創立》，中華書局 1982 年版

　　李新、李宗一主編：《中華民國史》，第二編第一卷：《袁世凱統治時期》，中華書局版 1987 年版

　　李新總編：《中華民國史》，第二編第五卷：《北伐戰爭與北洋軍閥的覆滅》（楊天石主編），中華書局 1996 年版

　　李新總編：《中華民國史》，第三編第二卷：《從淞滬抗戰到盧溝橋事變》（周天度等著），中華書局 2002 年版

　　李新總編：《中華民國史》，第三編第五卷：《從抗戰勝利到內戰爆發前後》（汪朝光著），中華書局 2000 年版

　　李新總編：《中華民國史》，第三編第六卷：《國民黨政權的總崩潰和中華民國時期的結束》（朱宗震、陶文釗著），中華書局 2000 年版。

　　〔美〕費正清主編，章建剛等譯：《劍橋中華民國史》，第一、二部，上海人民出版社 1991、1992 年版

　　張憲文主編：《中華民國史大辭典》，江蘇古籍出版社 2001 年版

　　馬齊彬等主編：《中國共產黨創業三十年（1919-1949）》，

中共黨史出版社 1991 年版

國民黨中央黨史會編：《中國國民黨黨務發展史料——組織工作》，台北近代中國出版社，1993 年

張玉法著：《中華民國史稿》，台北聯經出版事業公司 2001 年第二版

陳永發著：《中國共產革命七十年》，台北聯經出版事業公司 2001 年第二版

劉壽林編：《辛亥以後十七年職官年表》，沈雲龍主編：《近代中國史料叢刊續編》第 5 輯，台北影印本

劉壽林等編：《民國職官年表》，中華書局 1995 年版

〔美〕德・希・珀金斯著，宋海文等譯：《中國農業的發展（1368-1968）》，上海譯文出版社 1984 年版

楊蔭溥：《民國財政史》，中國財政經濟出版社 1985 年版

《李宗仁回憶錄》（上），廣西政協文史資料研究委員會 1980 年版

〔蘇〕Ａ・Ｂ・巴庫林著，鄭厚安等譯：《中國大革命武漢時期見聞錄》，中國社會科學出版社 1985 年版

《蔣廷黻回憶錄》，岳麓書社 2003 年版

杜恂誠著：《民族資本主義與舊中國政府》，上海社會科學院出版社 1991 年版

金以林著：《近代中國大學研究》，中央文獻出版社 2000 年版

張玉法著：《民國初年的政黨》，岳麓書社 2004 年版

彭明著：《五四運動史》，人民出版社 1984 年版

李新、陳鐵健主編：《偉大的開端》，中國社會科學出版社1983年版

胡春惠著：《民初的地方主義與聯省自治》，中國社會科學出版社2001年版

王奇生著：《黨員、黨權與黨爭》，上海書店出版社2003年版

中共江西省委組織部等編：《中國共產黨江西省組織史資料》，第一卷（1922-1987），中共黨史出版社1999年版

中共江西省委黨史研究室編：《中國共產黨江西歷史簡編》，江西人民出版社2003年版

陳文華、陳榮華主編：《江西通史》，江西人民出版社1999年版

吳海、曾子魯主編：《江西文學史》，江西人民出版社2005年版

江西省總工會編：《江西工人運動史》，江西人民出版社1995年版

萬振凡、吳小衛著：《近代江西農村經濟研究》，江西高校出版社1998年版

溫銳等著：《百年巨變與振興之夢──20世紀江西經濟研究》，江西人民出版社2000年版

江西省省志編輯室編：《江西近現代人物傳稿》，第一輯，海南人民出版社1989年版

江西省省志編輯室編：《江西近現代人物傳稿》，第二輯，江西人民出版社1991年版

江西省地方誌編纂委員會編：《江西近現代人物傳稿》，第三輯，團結出版社 1993 年版

江西省地方誌編纂委員會辦公室編：《江西近現代人物傳稿》，第四輯，1991 年內部印行

中國社會科學院近代史所、安源工人運動紀念館編：《劉少奇與安源工人運動》，中國社會科學出版社 1981 年版

陳榮華、何友良著：《九江通商口岸史略》，江西教育出版社 1986 年版

陳家棟主編：《江西財政紀要》，1930 年印刷

江西省政府經濟委員會編：《江西經濟問題》，1933 年印行

江西省建設廳編：《江西建設事業概要》，江西省圖書館編《江西近現代地方文獻資料彙編》，初編第 2 冊

張月琴主編：《南昌起義史論》，江西人民出版社 1986 年版

張俠、李海量著：《湘贛邊秋收起義研究》，江西人民出版社 1987 年版

江西省軍區黨史資料徵集辦公室編：《江西革命暴動（1927.8-1928.6）》

余伯流、陳鋼著：《井岡山革命根據地全史》，江西人民出版社 1998 年版

劉孚威主編：《井岡山精神——中國革命精神之源》，江西人民出版社 1999 年版

夏道漢、陳立明著：《江西蘇區史》，江西人民出版社 1987 年版

孔永松等著：《中央革命根據地史要》，江西人民出版社

1985 年版

陳榮華、何友良著：《中央革命根據地史略》，上海社會科學院出版社 1992 年版

余伯流、凌步機著：《中央蘇區史》，江西人民出版社 2001 年版

向青著：《三十年代中國》，北京大學出版社 1996 年版

何友良著：《中國蘇維埃區域社會變動史》，當代中國出版社 1996 年版

舒龍、凌步機主編：《中華蘇維埃共和國史》，江蘇人民出版社 1999 年版

謝一彪著：《中國蘇維埃憲政研究》，中央文獻出版社 2002 年版

《回憶中央蘇區》，江西人民出版社 1981 版

《閩浙贛革命根據地史稿》，江西人民出版社 1984 年版

《回憶閩浙皖贛革命根據地》，江西人民出版社 1983 年版

湖南省社會科學院等編寫：《湘鄂贛革命根據地史稿》，湖南人民出版社 1982 年版

奧托・布勞恩（李德）：《中國紀事》，現代史料編刊社 1980 年版

《彭德懷自述》，人民出版社 1981 年版

張日新、李榮祖著：《紅軍時期的陳毅》，檔案出版社 1991 年版

王輔一著：《新四軍簡史》，中共黨史出版社 1997 年版

《黃道詩文集》，江西人民出版社 1989 年版

《艱難的歲月——楊尚奎革命回憶錄》，江西人民出版社1987年版

《回首當年——方志純革命回憶錄》，江西人民出版社1987年版

劉勉玉著：《中央革命根據地三年游擊戰爭史》，江西人民出版社1993年版

閻景堂主編：《南方三年游擊戰爭史》，解放軍出版社1997年版

中共贛州市委、市政府，瑞金市委、市政府編：《中華蘇維埃共和國歷史畫冊》，中央文獻出版社2001年版

王多年主編：《反共戡亂》（蔣緯國總編著之《國民革命軍戰史》第四部），台北黎明文化事業股份有限公司1980年版

曹伯一著：《江西蘇維埃之建立及其崩潰（1931-1934）》，台北政治大學東亞研究所1969年版

陳榮華、何友良著：《廬山軍官訓練團》，江西人民出版社1987年版

贛粵閩鄂湘北路剿匪軍第三路軍總指揮部參謀處編：《五次圍剿戰史》，中華民國開國五十年文獻編纂委員會1968年重印本

〔德〕M・S・愛伯夏著、祝元清譯：《贛省收復縣區視察記》，江西民國日報社1935年版

全國經濟委員會江西農村服務區管理處編印：《江西農村服務區概況》，1936年六月

江西省教育廳特種教育股編：《江西省特種教育概覽》，

1936 年十月版

孫兆乾著：《江西農業金融與地權異動之關係》，1936 年十二月（蕭錚主編：《中國地政研究所叢刊：民國二十年代中國大陸土地問題資料》）

曹乃疆：《實習調查日記》，1936 年九月

李國強、馬雪松著：《特大洪災與社會控制》，江西高校出版社 2001 年版

鄧拓著：《中國救荒史》，北京出版社 1998 年版

張水良著：《中國災荒史（1927-1937）》，廈門大學出版社 1990 年版

江西省政府編：《贛政十年》，1941 年十二月印行

國民黨中央黨部、國民經濟計劃委員會編：《十年來之中國經濟建設》，台北學海出版社 1971 年版

譚熙鴻主編：《十年來之中國經濟（1936-1945）》，下冊，台北文海出版社版

軍事科學院軍史部著：《中國抗日戰爭史》，解放軍出版社 1994 年版

中共中央黨史研究室第一研究部、中國人民抗日戰爭紀念館編：《抗日戰爭圖鑑》，湖南人民出版社 2005 年版

江西省政協文史委編：《抗日戰爭的江西戰場》，1995 年印行

中共江西省委黨史資料徵集委員會編：《江西抗戰紀事》，中央文獻出版社 1995 年版

陳榮華主編：《江西抗日戰爭史》，江西人民出版社 2005 年

版

　　馬振犢著：《血染輝煌——抗戰正面戰場寫實》，廣西師範大學出版社 1993 年版

　　張洪濤、張朴寬著：《燃燒的太陽——國民黨正面戰場抗戰紀實》，團結出版社 1994 年版

　　步平、高曉燕著：《陽光下的罪惡——侵華日軍毒氣戰實錄》，黑龍江人民出版社 1999 年版

　　《上饒集中營（增補本）》，華東人民出版社一九四九年十一月版

　　中共上饒地委黨史辦公室編：《上饒集中營的鬥爭》，1988 年印行

　　中共江西省委黨史研究室編：《中共中央東南分局史略》，江西人民出版社 2005 年版

　　《江西省商業概況》，1941 年七月版

　　沈雷春、陳禾章：《中國戰時經濟志》，台北《近代中國史料叢刊》第三編第二十輯

　　日本防衛廳防衛研究所戰史室著，田琪之譯：《中國事變陸軍作戰史》，第二卷第二分冊，中華書局 1980 年版

　　日本防衛廳防衛所戰史室著，天津市政協編譯委員會譯：《一號作戰之二：湖南會戰》，上冊，中華書局 1984 年版

　　日本防衛廳防衛所戰史室著，天津市政協編譯委員會譯：《昭和二十（1945）年的中國派遣軍》，第一卷第一分冊，中華書局 1982 年版

　　〔日〕淺田喬二等著，袁愈佺譯：《1937-1945，日本在中國

淪陷區的經濟掠奪》，復旦大學出版社 1997 年版

盧敦基、周靜著：《自由報人——曹聚仁傳》，浙江人民出版社 2003 年版

羅政球、王維元著：《劫恨——南昌淪陷紀實》，江西人民出版社 1990 年版

郭成周、廖應昌著：《侵華日軍細菌戰紀實——歷史上被隱瞞的篇章》，北京燕山出版社 1997 年版

吳永明著：《太陽旗下的罪惡——侵華日軍上饒細菌戰揭秘》，江西人民出版社 2005 年版

薛慧子：《鄂贛實地視察記》，偽中央書報發行所 1940 年版

江西省政府統計處編印：《江西省抗戰損失調查總報告》，1946 年四月

《陳賡日記》，戰士出版社 1982 年版

《紅土地的曙光》，中國文史出版社 1990 年版

《南昌青年運動回憶錄》，江西省政協文史資料研究委員會 1981 年內部印行本

吳宗慈：民國《江西通志稿》，江西省博物館印行

民國《贛縣新志稿》，1946 年印行

《江西省志・江西省大事記》，方志出版社 2002 年版

《江西省志・江西省文化藝術志》，新華出版社 1999 年版

《江西省志・江西省農牧漁業志》，黃山書社 1999 年版

《江西省志・中國民主黨派江西省地方組織志》，江西省新聞出版局 2001 年內部出版

《南昌市志》，方志出版社 1997 年版

《南昌縣誌》，南海出版公司 1990 年版

《波陽縣誌》，江西人民出版社 1989 年版

《大余縣誌》，中國三環出版社 1990 年版

《蓮花縣誌》，江西人民出版社 1989 年版

秦月編著：《你沒見過的歷史照片》，第 4 集，山東畫報出版社 2004 年版

武月星主編：《中國現代史地圖集 1919-1949》，中國地圖出版社 1999 年版

樂炳南：《中國歷史圖說（十二）現代》，台灣世新出版社 1984 年版

## 三 論文

杜德風：《怎樣看待李烈鈞鎮壓江西會黨》，《江西社會科學》，1982 年第 2 期

李景恩：《辛亥革命前後的江西會黨》，《江西師範大學學報》，1998 年第 4 期

呂芳上：《民國初年的江西省議會，1912-1924》，台北「中研院」近代史所編：《中央研究院近代史研究所集刊》，第 18 期

龔小京：《民國初年江西報刊敘錄（1911-1919）》，《江西圖書館學刊》，1992 年第 1 期

陳立明：《五四愛國運動在江西》，載《五四愛國運動在江西專輯》

周鑒書、廖信春：《北伐戰爭中的江西戰場》，載《江西師範大學學報》1991 年第 4 期

陳立明：《北伐戰爭在江西》，載江西省黨史征委會、黨史學會編：《江西黨史講義》

何友良：《中間立場：朱培德分共的原因及其影響》，南京大學《民國研究》總第 7 輯（2003 年）

金沖及：《中華蘇維埃共和國的歷史地位》，《黨史文苑》2000 年增刊《中華蘇維埃共和國與新中國五十年論文專輯》

石仲泉：《中國革命前進的偉大基地》，《中共黨史研究》，2002 年第 1 期

余伯流：《略論井岡山革命根據地的歷史地位——「天下第一山」解讀》，《中國井岡山幹部學院學報》，2005 年第 1 期

余伯流：《方志敏在中國革命史上的歷史地位及其深遠影響》，《江西社會科學》，1999 年第 8 期

何友良：《論蘇區社會變革的特點與意義》，《中共黨史研究》2002 年第 1 期

何友良：《蔣介石第五次「圍剿」方略述要》，《江西師大學報》1989 年第 4 期

黃道炫：《第五次反「圍剿」失敗原因探析》，《近代史研究》2003 年第 5 期

何友良：《賽克特並未為蔣介石製定碉堡戰術》，《近代史研究》1990 年第 3 期

呂芳上：《對訓政時期江西縣長的一些觀察（1926-1940）》，《中華民國建國八十年學術討論集》，台北 1991 年版

呂芳上：《抗戰前江西的農業改良與農村改進事業（1933-1937）》，台北中央研究院近代史所編印：《近代中國農村經濟

史論文集》，1989 年版

張力：《江西農村服務事業（1934-1945）》，台北中央研究院近代史所編印：《抗戰建國史研討會論文集》，1985 年版

胡小紅：《杜重遠與景德鎮瓷業改革》，南昌大學歷史系 2005 年碩士學位論文，未刊稿

張宏卿：《民國江西農業院研究》，江西師大歷史系 2004 年碩士學位論文，未刊稿

張芳霖：《20 世紀 30 年代的南昌商人與新生活運動》，《歷史檔案》2005 年第 2 期

黃道炫：《一九二○──一九四○年代中國東南地區的土地占有》，《歷史研究》2005 年第 1 期

何友良：《十年內戰期間國共兩黨對農民的認識與政策的異同》，《民國研究》第 3 輯，南京大學出版社 1996 年版

周鑾書：《江西的抗日戰爭》，載江西省政協文史委編：《抗日戰爭的江西戰場》，1995 年印行

李國強：《論抗日戰爭中的江西正面戰場》，《江西社會科學》1995 年第 7 期

廖信春：《江西抗戰十一次戰役述評》，《南昌航空工業學院學報》2005 年第 4 期

廖信春：《上高會戰勝利原因簡析》，《江西師範大學學報》1988 年第 2 期

陳榮華：《抗日戰爭時期江西經濟問題初探》，《民國研究》第 3 輯，南京大學出版社 1996 年版

溫銳、游海華：《抗日戰爭時期贛閩粵邊區的第一次現代化

浪潮》，《抗日戰爭研究》，2004 年第 4 期

吳文清、張廷：《兩枚舊章見證屈辱與勇敢》，《中國教育報》2000 年八月十五日

忻平：《論新縣制》，《抗日戰爭研究》1991 年第 2 期

吳雯：《民國後期江西推行新縣制的歷史考察》，江西師大歷史系 2003 年碩士學位論文，未刊稿

姚岳軍：《民國時期江西保安團述論》，江西師大歷史系 2003 年碩士論文，未刊稿

黃鳴九：《抗戰時期江西徵兵概況》，載《抗日戰爭的江西戰場》

雷潔瓊：《抗戰初期的江西婦女運動》，《人民日報》1985 年八月二十一日

何友良：《抗戰時期江西糧食征供情況考察》，《抗日戰爭研究》1993 年第 2 期

馮英子：《贛江兩岸所見》，《新民晚報》1982 年九月十七日

《江西民盟五十年（1947-1997）》，《江西盟訊》1997 年第 4、5 期合刊

廖信春：《民國時期江西的戰爭與社會》，《江西師大學報》2000 年第 3 期

溫銳：《背離與錯位——近代江西衰落原因的再認識》，《江西師範大學學報》2000 年第 4 期

何友良：《論江西國民黨史的幾個問題》，《江西師範大學學報》2004 年第 4 期

白莎等：《民國江西農村集市的發展》，《南昌大學學報》2003 年第 4 期

游海華：《早期農村現代化的有益探索——民國江西萬家埠實驗區研究》，《福建師範大學學報》2004 年第 3 期

萬振凡：《民國時期江西農村發展實驗》，《古今農業》2005 年第 1 期

龔汝富：《民國時期江西推行義圖制的嘗試及其失敗》，載《中國經濟史研究》2005 年第 2 期

肖如平：《民國時期江西的特種教育》，《江西教育學院學報》2003 年第 1 期

## 四　報刊

北洋《政府公報》

江西省政府公報

《申報》

《漢口民國日報》

《廣州民國日報》

上海《民國日報》

《江西民國日報》

《中央日報》

《東方雜誌》

《工商新聞》

《江西統計》

《紅色中華》

《鬥爭》

《軍政旬刊》

《經濟旬刊》

《抵抗三日刊》

《抗戰三日刊》

《行政與統計》

《江西糧政》

《正氣日報》

《近代史研究》

《抗日戰爭研究》

《南京大學學報》

《民國檔案》

《江西社會科學》

江西文庫 A0701A34

# 江西通史：民國卷　第四冊

| | | |
|---|---|---|
| 主　　編 | 鍾啟煌 | |
| 作　　者 | 何友良 | |
| 責任編輯 | 楊家瑜 | |
| 發 行 人 | 陳滿銘 | |
| 總 經 理 | 梁錦興 | |
| 總 編 輯 | 陳滿銘 | |
| 副總編輯 | 張晏瑞 | |
| 編 輯 所 | 萬卷樓圖書股份有限公司 | |
| 排　　版 | 菩薩蠻數位文化有限公司 | |
| 印　　刷 | 百通科技股份有限公司 | |
| 封面設計 | 菩薩蠻數位文化有限公司 | |

出　　版　昌明文化有限公司
桃園市龜山區中原街 32 號
電話　(02)23216565

發　　行　萬卷樓圖書股份有限公司
臺北市羅斯福路二段 41 號 6 樓之 3
電話　(02)23216565
傳真　(02)23218698
電郵　SERVICE@WANJUAN.COM.TW
大陸經銷　廈門外圖臺灣書店有限公司
　　電郵　JKB188@188.COM

**ISBN 978-986-496-339-3**

2018 年 1 月初版

定價：新臺幣 300 元

如何購買本書：

1. 轉帳購書，請透過以下帳戶
　　合作金庫銀行　古亭分行
　　戶名：萬卷樓圖書股份有限公司
　　帳號：0877717092596
2. 網路購書，請透過萬卷樓網站
　　網址　WWW.WANJUAN.COM.TW

大量購書，請直接聯繫我們，將有專人為您
服務。客服：(02)23216565　分機 610

如有缺頁、破損或裝訂錯誤，請寄回更換

**版權所有·翻印必究**

Copyright©2016 by WanJuanLou Books CO., Ltd.

All Right Reserved　　　　　**Printed in Taiwan**

**國家圖書館出版品預行編目資料**

江西通史 民國卷 / 鍾啟煌主編.-- 初版.--
桃園市：昌明文化出版；臺北市：萬卷樓
發行, 2018.01
　　冊；　公分
ISBN 978-986-496-339-3 (第四冊：平裝).--
1.歷史 2.江西省
672.41　　　　　　　　　　　　107001903

本著作物經廈門墨客知識產權代理有限公司代理，由江西人民出版社授權萬卷樓圖書
股份有限公司出版、發行中文繁體字版版權。